Jean-Claude Parfait Ekomi Aboue

Ministère

Jean-Claude Parfait Ekomi Aboue

Ministère

Suis-je réellement sage?

Éditions Croix du Salut

Imprint

Any brand names and product names mentioned in this book are subject to trademark, brand or patent protection and are trademarks or registered trademarks of their respective holders. The use of brand names, product names, common names, trade names, product descriptions etc. even without a particular marking in this work is in no way to be construed to mean that such names may be regarded as unrestricted in respect of trademark and brand protection legislation and could thus be used by anyone.

Cover image: www.ingimage.com

Publisher:
Éditions Croix du Salut
is a trademark of
International Book Market Service Ltd., member of OmniScriptum Publishing Group
17 Meldrum Street, Beau Bassin 71504, Mauritius
Printed at: see last page
ISBN: 978-613-7-37231-9

MINISTERE

SUIS-JE REELEMENT SAGE ?

Prélude

Suis-je réellement sage ?

Si c'est le cas, alors permet-moi Seigneur Jésus d'écrire un livre plein de sagesse.

Introduction :

Le Seigneur un jour, va me demander d'apprendre en silence ; d'observer son serviteur qui durant des années officiait devant Lui. De tirer des enseignements de mon observation. Mais aussi, au travers de toutes les difficultés que j'ai eu à rencontrées depuis ma conversion, d'en tirer des leçons de sens.

Ces leçons de sens, nécessaires à la marche avec Jésus notre Seigneur et Maître, je les mets à votre disposition, pour un ministère efficace, dans une communion toujours plus agréable à Jésus.

Car, Me rappelait-IL, la Sagesse est nécessaire et sera toujours nécessaire, pour accomplir une mission divine. Et, marcher avec Lui.

Puissiez-vous, réjouir le Cœur de notre Seigneur Jésus-Christ, par une vie pleine de Sagesse ; de la Sagesse divine, telle est ma prière à votre égard.

Daniel

POUVOIR

Sous thèmes développés

- ✓ Election et Diplôme
- ✓ Eloges
- ✓ Travail
- ✓ Vision
- ✓ Diriger
- ✓ Temps
- ✓ Amitié

Election et Diplôme

1-Une élection présidentielle, nourri dans le cœur des électeurs beaucoup d'attente et d'espoir. Mais, au finish après le mandat beaucoup de déception. Tout ceci, parce que les hommes ne se sont pas appuyés sur Jésus.

2-Avoir de l'instruction, est une chose. Avoir, l'art de diriger en est une autre.

3-Les diplômes attestent que l'homme, a eu une formation dans un domaine. Mais ne certifient, ni ne qualifient pas toujours cet homme pour diriger un peuple ou, une nation.

4-Les hommes ont coutume dans certains pays, de procéder à des élections pour diriger des nations ou des hommes. Ils disent, je veux le pouvoir, je peux. Mais à quel prix, veulent-ils ce pouvoir, et pour quoi faire ?

5-Au fait, pourquoi établir des responsables ? Pour responsabiliser le plus grand nombre ; les amener à jouir des avantages qui leurs sont réservés, de par leur sérieux et le respect de leurs tâches. Et non pas, à les dépouiller.

6-Le sommet est peut-être plus exigeant que la base. La discipline qui y est demandée est très rigoureuse. Evidemment, tous les regards et les attentes, sont toujours tournés en cette direction.

7-Ne te presse pas à atteindre le sommet, sans la discipline du Saint-Esprit ; de peur que ta chute, ne sois si importante. Et que tu ne scandalise, ceux qui t'observent.

Eloges

1- Les éloges ne sont bons que pour les personnes, qui sont à la base. Pour évidemment les encourager. Et, même-là !

2- Les éloges perdent celui qui est au sommet, lorsqu'il commence à y prendre gout et plaisir.

3-Celui qui prête attention aux éloges, est plus près de la chute qu'il ne peut s'imaginer.

4-Au sommet, on n'a pas besoin d'éloges. Mais de véritables conseils, remarques et souvent réprimandes quand cela est nécessaire. Ainsi, on est sûr de ne pas manquer le but.

5-Pour vous perdre, les méchants vous font beaucoup d'éloges.

6-Ne forcer jamais les hommes, à vous honorer. Mais laissez le Seigneur, vous honorer au-travers des hommes, alors leurs cœurs vous seront grandement ouverts.

7-Honorer ? C'est avoir de la considération, du respect et de l'estime. Estimer quelqu'un c'est reconnaitre sa valeur. Si de ces explications la personne ne se retrouve pas, elle ne vous honorera pas. Auquel des cas, elle le fera.

8-Il y a une réelle différence, entre flatter et honorer. Celui qui honore a un réel respect pour la personne qu'il honore.

9-Celui qui flatte, ne cherche que la chute de la personne à qui sont adressées, ces flatteries.

10-Des personnes qui savent honorer les autres, il y en très peu de nos jours. Si tu en trouves une, avant de l'envoyer balader, réfléchis bien !

11-Car, je t'assure qu'après l'avoir envoyé balader, tu auras signé ta chute.

12-Tu ne peux pas confondre, un collaborateur qui t'honore, d'un fils qui te méprise. Car dis-toi que si, ce collaborateur par l'excès de tes habitudes, décide de s'en aller, tu t'en trouves mal ! Car, tes fils eux, te méprise.

13-Les actes de folies, poussent les hommes à vouloir vous manquer de respect.

14-Remarque signifie : prête attention à ce détail sur lequel tu ne t'arrêtes pas.

15-Le caractère force les hommes à vous respecter, en public. Même s'ils peuvent, vous dénigrer en priver.

16-Le méchant froisse les sourcils, prend un air nerveux, pensant par-là qu'il s'attirera le respect des hommes. Encore, une erreur de sa part. Le respect ne nait que, par un sérieux manifesté, dans la parole et les actes.

17-Les hommes honorent, ceux qu'ils considèrent, qu'ils leurs sont supérieurs. Mais, la bonne conduite, force le respect de tous.

Travail

1-Un collaborateur est une personne qui, partage ton labeur. Aies du respect pour lui.

2-La collaboration vise, la réussite du projet. Encore, faudrait-il que tu saches, ce que veut dire collaborer.

3-Les grandes réformes dans un domaine, dépendent de la simplicité de l'autorité. Car, d'autres peuvent avoir, de très bonnes propositions, mais, le dernier mot dans la réunion, lui reviendra.

4-Pour travailler ensemble, les hommes doivent s'avoir s'orienter. Auquel cas, il y aurait de la frustration dans la qualité du service.

5-Sans réel plan bien défini et établi, le sage se cache dans sa réflexion. Sitôt, il l'a trouvé que, son travail devient remarquable. Car, il est pensé et réfléchi.

6-Il n'en est pas ainsi, de l'insensé tout prête à croire chez lui, que la folie est reine avec ses amies la bêtise et la frustration.

7-Il est une chose, lorsqu'un immature accède à une fonction, il a à ses yeux, le droit à tous les services et avantages que requiert sa fonction. Et pour y arriver, il est prêt à faire recours à son autorité et tout autre moyen. Cependant, le service, il ne sait ce que c'est !

Vision

1-La vision consiste à voir ou à percevoir dans des décennies plus loin, l'évolution de la vie des hommes, avant ses contemporains. Les changements qui s'y opéreront dans la société.

2-Un visionnaire est difficilement compris de tous. Car, il révolutionne tout ce qui est coutume chez les hommes. Jésus de dire vous avez entendu dire… Mais, Moi Je vous dis…

3-Un visionnaire n'est pas en contradiction avec Jésus. Mais, conduit le Peuple, dans une compréhension, plus poussée de la Volonté de Jésus ; de ce qu'IL veut atteindre.

4-Pour toute responsabilité, la vision est nécessaire et préalable. Car, sans vision le Peuple est sans frein, le Peuple suis sa propre voie.

5-Sans vision, on se perd et souvent sombrons, dans la non existence.

Diriger

1-Diriger consiste à orienter les choses, pour qu'elles soient bien faîtes. Et non à les empirer fautes de conseillers.

2-La grandeur d'un dirigeant est d'accepté, à des occasions particulières, que quelqu'un lui montre ce qui convient de faire. Et lui de le faire parce que, il a reconnu l'utilité commune.

3-Le conseil signifie, prudence ; ne t'emballe pas trop vite. Mais si tu refuses de prêter attention, que peut-il t'arriver ? Je réponds des ennuis, des situations compliquées.

4-Le rôle du conseiller, est de conseiller. Le rôle du responsable est d'écouté et analysé.

5-Le conseil n'est pas une obligation. Car, s'il y a un conseil, c'est que le dernier mot ne me revient pas.

6-Celui qui refuse le conseil, est sur le chemin du déclin. Car, le conseil ne vient que, pour chasser les ténèbres qui commencent, à apparaitre sur la scène.

7-Celui qui est fermé aux conseils, est un mauvais guide.

8-Orienter une personne, c'est rendre sa pensée claire, par des explications précises et simples à comprendre.

9-Une orientation est donnée parce que, elle est le seul moyen de connaitre une pensée ; comment, elle doit s'exécuter. Mais, si tes orientations sont flous, pourquoi s'en prendre alors au peuple ou à ce que tu diriges ?

10-Pour un roi sot, le fils de l'étranger n'a que trop peu de valeur. C'est peut-être le pourquoi, il le traite avec tant de mépris.

11-Un roi sot, oublie que l'économie de son royaume est dépendante, du fils de l'étranger. Et avoir à le traiter comme un mouchoir, l'expose à la disette. Car, ses enfants n'ont pas le même rendement.

12-Une information me vient pour que je sache. Mais la réaction elle, dépend du niveau de sagesse.

13-Une information peut sauver une vie. La connaissance est un ensemble d'information sur plusieurs domaines de la vie.

14-Etre intelligent, c'est arrivé à comprendre toutes situations ou problèmes qui se présentent devant moi.

15-En assemblée générale, la sincérité de tous est de mise pour percer, soigner et panser l'abcès.

16-Permet à ce que tu diriges d'exprimer leurs pensées ou opinions, vous irez tous d'un même pas juste après.

Temps

1-Le temps marche avec le prioritaire, sinon la priorité.

2-Le temps n'aime pas être encombré. Il est là pour permettre à chacun de se réaliser.

3-Je suis pressé par le temps, qui me demande, d'accomplir les œuvres arrêtées par le Seigneur Jésus.

4-Le temps synchronise les évènements. Et les évènements hors du temps, n'ont plus la même portée.

5-Le temps nous presse car, le retour du Seigneur Jésus est proche.

6-Toutes choses se bâtissent, dans le temps. Mais le temps, est ce que semble ne pas avoir l'insensé.

7-Le temps et la série des problèmes qui nous arrive, finissent toujours par nous révéler, la nature de nos proches.

8-Le temps limite toute chose sur la Terre. Il retentit, par la mort en nous rappelons que nous rendrons compte à Celui, qui nous a accordé la grâce d'en jouir.

9-Cherchez le Seigneur Jésus, alors qu'IL se laisse encore trouver. Viendra un temps où cela sera difficile voire impossible de le trouver.

Amitié

1-Souvent la compagnie de certains hommes est ennuyeuse ; ils font étalage de leurs connaissances. Pourtant, dans le fond vous ne cherchez que des hommes simples qui vous permettraient, de vous réjouir des choses les plus simples de la vie.

2-Les grands hommes trouvent difficilement, de véritables amis. Et s'ils en trouvent, c'est une grâce venant du Seigneur Jésus.

3-Quelle différence entre la peur et la crainte ?

La peur paralyse et empêche d'accomplir quoique ce soit. Tandis que la crainte veille sur nos pas, pour toujours être en parfaite communion avec le Saint-Esprit.

Et moi, je te dis le Saint-Esprit est un véritable Ami, qui ne nous déçoit pas lorsque, l'on est en intimité (Communion) avec Lui.

COMMUNION

Sous thèmes développés.

- ✓ Jésus
- ✓ Saint-Esprit
- ✓ Foi
- ✓ Epreuve
- ✓ Elévation
- ✓ Vérité
- ✓ Alliance
- ✓ Repentance

Jésus

1-Seigneur Jésus, je T'aime beaucoup !

2-Seigneur Jésus, je T'ai avoué mon amour pour Toi ! Et Toi, dis à mon âme que Tu l'aimes et que Tu l'as toujours aimé. Je t'aime Daniel !

3-La cachette d'une femme, ou d'une jeune fille est son cœur. Lorsqu'elle aime, elle s'y réfugie.

4-Lorsqu'une femme, ou jeune fille sort de sa cachette pour dire à un homme, qu'elle aime, c'est que dans son cœur, il n'y a plus de place pour contenir cet amour.

5-Et moi, Seigneur Jésus, je suis comme cette jeune fille. Je T'aime Jésus !

6-L'amour que j'ai pour Toi, Jésus, est tellement grand qu'il peut supporter le feu du creuset !

7-Ce qui passionne la jeune fiancée, est d'imaginé comment sera sa rencontre avec, son fiancé.

8-Et moi, j'imagine notre rencontre, Jésus. Comment, je pourrai sauter à Ton coup, Te faire plusieurs câlins. Et, jouer devant notre Père.

9-Pour la jeune fiancée, penser à son fiancé éclipse, le temps. Et, lorsqu'elle le rencontre sa joie est si grande !

10-O permet à mon âme, de se réjouir ce jour-là, devant Toi, Jésus !

11-Jésus est mon Héritage. Alléluia ! Merci Père !

12-Le rôle d'une femme, est de rendre heureux son mari. Et, mon rôle est te rendre Jésus fier de moi, de par mon obéissance à Ta volonté.

13-O Jésus ! Si mon cœur peut t'aimer, d'un amour sans fin. Je serai très heureux !

14-Jésus est le Seigneur de toute la Création.

15-Jésus est fidèle. Et, Fidèle est Son Nom.

16-Jésus-Christ a gagné ! IL est le vainqueur de toujours !

17-Jésus est fidèle et le demeure éternellement.

18-Jésus veille sur les siens.

19-Jésus-Christ est ma Source ! Lui seul pourvoit et pourvoira à mes besoins.

20-Jésus est mon Grand Frère, et je L'aime !

21-Jésus m'appelle par Son Nom, et pour moi c'est une fierté.

22-Aimer la sainteté, c'est aimé Jésus. La rejeté, c'est détesté Dieu. O réfléchis là-dessus ! Ne te presse pas, à lire un autre passage.

Saint-Esprit

1-Avoir une communion avec le Saint-Esprit, signifie être dans une relation avec Lui, où IL devient aussi réel que mon propre corps.

La communion développe l'intimité. Et donc, nous garde dans la Présence de Jésus.

2-Le Saint-Esprit te conduit, parce que tu ne connais.

3-A qui comparerai-je cette génération. A un groupe d'étudiants qui ayant le Meilleur des professeurs, refuse néanmoins, d'aller en classe supérieur. Ils aiment mieux à stagner, plutôt que de chercher le Seigneur alors qu'IL se laisse encore trouver.

4-Seul, le Saint-Esprit peut révéler la vision. Evidemment, IL est le seul à connaitre le cœur de Dieu le Père ; la volonté de Jésus.

5-Etre conduis par le Saint-Esprit, est une grâce pour l'homme spirituel. Car le malheur est devant l'homme charnel qui, ne sait comment éviter les ruses et pièges de l'ennemi.

6-L'inspiration est la volonté du Saint-Esprit de parler à une personne. Mais, lorsqu'elle s'arrête, c'est qu'IL n'a plus rien à dire. Alors autant t'arrêter toi aussi ! Sinon on vire dans les divers.

7-Etre en communion avec le Saint-Esprit, c'est mettre tout en commun avec Lui. Ou, avoir tout en commun avec Lui. De même, Lui, l'a aussi avec nous, dans ce cas.

8-Si vous n'avez aucune communion avec le Saint-Esprit, faîtes votre service et vous constaterez qu'IL ne manifestera pas Son meilleur. IL le gardera toujours en réserve, pour Ses amis fidèles.

9-La communion du Saint-Esprit ne s'apprend pas au sommet. Elle s'apprend à la base.

10- Je suis seul. Non ! Pas, tout à fait. Car, le Père qui M'a envoyé est toujours avec Moi.

11- La solitude ne se découvre pas au sommet. On la découvre à la base. Et au sommet, on y est moins/presque pas/pas affecté. Car, on aura déjà appris très tôt à vivre dans la communion du Saint-Esprit.

12- Celui qui boira de l'eau que Je Lui donnerai, n'aura plus jamais soif. Bien plus : l'Eau que Je Lui donnerai, deviendra en lui une source intarissable qui jaillira jusque dans la vie éternelle. Parole vivante.

13- Les années dans la foi, sont insuffisantes pour dire que nous connaissons entièrement le Seigneur Jésus. Mais seul, le Saint-Esprit nous le révèle progressivement.

14- La connaissance livresque, les enseignements donnés par un oint de Jésus, ne garantissent pas que, nous vivrons dans la gloire du Seigneur Jésus.

C'est l'ensemble de tout cela, avec comme couronnement une bonne, voire parfaite communion avec le Saint-Esprit qui libère la gloire du Seigneur Jésus dans nos vies.

15- Convertissez-vous, et donnez-vous entièrement à Jésus le seul Seigneur. Et, par le Saint-Esprit, IL vous enseignera toutes choses.

15- J'ai entendu beaucoup dire, il n'y a pas de vie dans ce que vous faîtes, votre service est terne.

Alors je me suis dis qu'entendent-ils par vie ? La vie c'est le Seigneur Jésus. Cela voudrait-il dire qu'ils n'ont pas le Seigneur Jésus ? Non, mais que leur communion avec le Saint-Esprit n'a pas beaucoup progresser.

16- La force de l'Eglise a toujours été, et sera toujours, Jésus agissant par le Saint-Esprit, au travers des hommes devenus des colonnes de vérités dans Son Eglise.

Si c'est trois points ne sont pas réunis, le royaume des ténèbres pourra souvent opérer malheureusement, dans certaines assemblées d'une certaine manière, jusqu'à ce que ces trois points, soient réunis et en harmonies.
Le plus gros travail dans ceci, est celui d'avoir une colonne véritable. Car, la colonne reçoit une formation bien plus grande que celle d'une simple brique. C'est seulement dans cette optique, que la gloire de Jésus, peut remplir la Terre entière, comme au temps des apôtres.

17-La voie de l'Enfer est ouverte, devant tous ceux qui oubliant le fondamental, la communion du Saint-Esprit, la communion avec Jésus mettent en avant la puissance du Saint-Esprit.

Epreuve

1-Incroyable ! Je souffre dans ma chair. Et le Saint-Esprit continue à m'inspirer à écrire toujours. Et mon état semble ne pas s'être amélioré sur l'immédiat. Comme pour me montrer qu'IL est au contrôle de tout. Et que tout a été accompli à la croix.

2-Certaines situations auxquelles, nous faisons face, ne sont pas toujours, dues à une faute, ou un péché de notre part. Mais que devons-nous faire alors ? Composé avec le Saint-Esprit, pour en sortir sain et sauf.

3-La discipline du Saint-Esprit a été ce qui, a causé la chute de Salomon. Il ne s'y était pas exercé.

4-Si tu rencontres un homme humble, c'est que la discipline du Saint-Esprit, il sait ce que sait.

5-L'orgueilleux ne connait pas le chemin de l'humilité. Evidemment, il n'a pas part à la discipline du Saint-Esprit.

6-L'homme droit manifeste le caractère disciplinaire du Saint-Esprit.
Le fou manifeste le caractère de l'esprit qui l'agite, tout comme Saül.

7-Accepte d'être enseigné. Tu faciliteras la tâche au Saint-Esprit et à ton entourage.

8-C'est vrai ! Il y a beaucoup de promesse dans la Parole. Mais, la manifestation n'est possible qu'après un test rigoureux, dont le Saint-Esprit a le secret.

9- Un test d'une grande ampleur ou envergure, est la preuve que Satan croit en la grâce que vous avez reçue de Jésus.

10- La séduction signifie que Satan a vu, quelque chose de très grand en vous. Et sait que vous n'avez pas idée, de ce que c'est. Alors, il vient vous présentez des choses périssables, qui sans l'aide du Saint-Esprit, peuvent vous emmener à manquer à votre mission. Et, à vous retrouver en Enfer.

11-Dans l'épreuve, l'homme fidèle découvre toujours, la fidélité du Seigneur Jésus. J'attendrai avec patience, le secours du Seigneur Jésus.

12-Qu'il est merveilleux de servir, le Seigneur Jésus !

13-Le Saint-Esprit est tout-puissant, c'est Lui qui rend, un homme charnel, spirituel. Ne me demandez pas comment ? Ce que je sais : IL utilise la Parole, et, des épreuves dont, IL a le secret.

14-La puissance est dangereuse, lorsque l'on ne sait pas son utilité. Et là, il y a une différence entre avoir des informations sur la puissance de Dieu et, avoir l'enseignement du Saint-Esprit.

15- Disciple de Jésus, discipline du Saint-Esprit.

16- Ouf ! Merci Saint-Esprit ! Si tu n'avais pas été là, j'aurai fait du grabuge. Car, je ne savais pas qu'une forme de colère, tapissait en moi. Fort heureusement, Tu étais là pour me retenir.

17- C'est vrai ! Celui qui est entré dans la gloire par l'aide du Saint-Esprit, se repose de toutes ses œuvres. Car pour y entrer, cela prend beaucoup d'années, et beaucoup de patience, de solitude. Mais la grâce, c'est que l'on rencontre Jésus et apprenons à Le connaitre.

18- Au jour les plus sombres de ma vie, j'ai souvent vu Satan et ses démons venir me proposer des richesses, de la gloire, de devenir milliardaire.

Mais je leur ai toujours répondu en ce sens, pourquoi ne me proposez-vous jamais Jésus-Christ de Nazareth, le Fils de l'Homme qui vit aux siècles des siècles, et dont le règne n'a point de fin. Car, c'est seulement Lui que je veux, et ce que Lui seul voudra me donner. Et Satan a toujours été obligé de partir, honteux et confus.

19- Le service, c'est bien. Mais, la discipline du Saint-Esprit est mieux, avant toutes choses.

20- Aux pieds de la responsabilité, on finit par se rendre compte, si vous avez été soumis à un responsable. Si vous avez eu part, au brisement du Saint-Esprit. Ou si vous n'êtes qu'un insoumis.

21- Car, aux pieds d'un responsable, on apprend de grandes leçons qui ne sortent pas nécessairement de ses lèvres. Mais qui est l'œuvre, du Saint-Esprit en vue, de votre préparation au ministère ou à une responsabilité.

22- Le meilleur de Dieu, ne se trouve que dans l'épreuve ; après la tempête.

23- Chaque fois que je sors d'une épreuve, je regarde la Bible et je comprends que j'ai encore beaucoup d'ignorance. Et que, je dois poursuivre mes méditations régulières.

24- Quand vous sortez d'une épreuve, ne vous relâchez pas si vite. Car, une autre épreuve peut surgir brusquement.

25-Les grandes amitiés sont souvent, sinon toujours mises à l'épreuve, dans de graves problèmes. Et, l'amitié du Seigneur Jésus se révèle toujours, dans l'épreuve.

26- Quand je réalise, le niveau de difficulté, les épreuves par lesquelles je passe, je comprends alors, quel amour le Seigneur Jésus a eu à déployer pour me sauver.

Car nul doute, ce que je vis, ne saurait être comparé à ce que Lui-même a vécu en intensité. Dans tout cela, IL n'a pas péché, par amour pour le Père et moi. Je ne peux que demeurer dans la foi, contre toute espérance.

C'est la vocation que j'ai reçu de Jésus. Et, je paierai le prix de ma vocation céleste.

26- La puissance de chauffage, de la fournaise purifie le cœur de l'homme. Pourvu de s'appliquer à mettre en pratique la Parole, sans se détourner ni à droite ni à gauche.

27- Le fer aiguise le fer. Et sans opposition certaines fois, le fer s'émousse et rouille.

28-En méditant de plus près la vie du Seigneur Jésus, j'ai remarqué que très tôt, IL a manifesté des capacités incroyables qu'aucun homme ne pourra atteindre : Sa discipline d'esprit.

29-Pour mieux apprécier la Vie, il faut passer par toutes Ses étapes.

30-C'est la Croix que Jésus m'a accordé dans Sa grâce. On va la porter, jusqu'à ce que le Père soit satisfait. Et, je verrai Sa puissance, se manifester.

31-La qualité a un prix, un prix très élevé.

32-Assurément, si vous régnez par le Seigneur Jésus-Christ, c'est que vous êtes sous la discipline du Saint-Esprit. Et pour vous, vous aimez le Seigneur Jésus-Christ plus que votre vie.

Elévation

1-La distinction divine ? Distinction divine, c'est lorsque Dieu décide de vous honorer publiquement, de montrer à tous qu'IL vous connait. Tous cela parce qu'IL voudrait que, ces derniers vous fasse confiance et suivent le message dont vous êtes le porteur.

2- L'élévation n'est possible que dès lors, où Jésus apparait à vos yeux comme le Dieu véritable, tout-puissant. Sans quoi, vous n'avez pas fini de subir la vie.

3- L'élévation consiste, à être parvenue à résoudre des problèmes complexes, à sortir des situations très complexes. Tout cela en ayant su, utiliser la Parole dans la résolution de ces différentes situations.

4- Le nombre d'année dans la foi en Jésus, ne favorise pas l'élévation. C'est la résolution des différents problèmes, présentés devant nous à chaque étape de la vie qui en sont les marches d'escaliers.

5- Il y a une chose dont, je sais. C'est que, lorsque le Seigneur a décidé d'élever un homme, et que le temps de son élévation a sonné, rien ne pourra être placé devant lui, pour le cacher.

Evidemment, ce temps appartient à la Lumière et non, aux ténèbres. C'est le jour dans sa vie. La nuit a disparu.

6- L'élévation ne se falsifie jamais, Dans la foi en Jésus. Evidemment, c'est la bénédiction du Seigneur qui enrichit et, IL ne l'a fait suivre d'aucun chagrin.

7-Quand la pluie tombe, c'est que l'aridité et la sécheresse du sol n'y sont plus.

8-Au moment de la pluie, la chaleur, la sueur, la mauvaise odeur cèdent la place, à un temps de rafraichissement, de cessations d'activités pénibles et de repos.

9-Lorsque la pluie tombe, les terres arides sont arrosées. Désormais, là où, il n'y avait que désolation, un champ verdoyant s'élève.

10-La pluie tombe, l'espérance du juste devient réalité. Toutes ses attentes voient, le jour.

11-La vie nous réserve toujours, d'énormes surprises. Le moins considéré d'hier, est devenu l'homme important et influent de sa génération. Et, là c'est encore une grâce de Dieu.

12-La justice élève une nation. Vive Jésus !

13-La chance est un concept humain, ne sachant à qui attribuer l'évènement heureux qui s'est produit. Tandis que, nous nous savons de qui provient nos réussites. Rendez donc, à l'Eternel gloire pour Son Nom.

14-Le nombre d'années dans la foi, ne suffisent pas pour voir la gloire de Jésus dans nos vies.

Heureusement que Jésus, Tu n'es jamais en retard !

15-Et pour moi alors ? Pour le juste, il y a une espérance et un héritage. Car, les justes posséderont le pays.

FOI

1-La stabilité dans la foi, dans la vie d'un homme dépend de ce qu'il a choisi comme point d'encrage, pour sa propre vie. Jésus est le Chemin, la Vérité et la Vie. Celui qui croira jusqu'au bout sera sauvé.

2-La foi, c'est faire confiance à Jésus en toutes circonstances ; sans jamais vaciller dans notre confiance.

3-Jésus est vivant ! Et, IL règne aux siècles des siècles.

4-Dans tout rapport humain, la confiance est de mise, pour prétendre bâtir quoique ce soit. De même, ce rapport de confiance doit être établit entre, Jésus et vous.

5-Comment s'établit la confiance ? La confiance s'établit dans un service désintéressé, répété plusieurs fois durant des années.

6-C'est justement, lorsque rien ne va dans nos vies que la foi s'impose. Car, manquer de foi en pareille situation, c'est faire un pas d'avance en direction de l'enfer.

7-La foi en Jésus-Christ n'est pas une course vers les richesses, la gloire ou une quelconque autorité ou pouvoir. Mais, c'est de demeuré en Jésus-Christ, jusqu'à Son retour.

8-Dans la foi, il y a un but caché plus important que la jouissance des plaisirs de ce monde : c'est l'âme de chaque homme. Le Royaume des Cieux et celui des ténèbres, compétissent sur ce domaine.

9-Les enfants aiment le spectaculaire. Mais, seul le discernement des esprits peut nous amener à reconnaitre, l'action du Seigneur Jésus ou pas. Et donc, d'éviter les pièges de l'ennemi. Car, n'oublions pas la foi, n'est pas de faire le spectacle. Mais la volonté du Seigneur Jésus.

10-Beaucoup savent qu'il y a un prix à payer, pour rentrer dans le meilleur de Jésus. Mais, peu sont prêts à payer ce prix.

C'est pourquoi, Jésus les laisse, dans le minimum. Malgré la multitude de leurs problèmes. De peur, qu'ils ne perdent la foi. Le Royaume des Cieux est forcé, seuls les violents s'en emparent.

11-Le désert à ses bienfaits. Il nous permet de cultiver en nous, la culture du Royaume des Cieux. Qu'il soit des plus naturels pour nous d'aimer la Sainteté ; donc d'aimer Jésus.

LA VERITE

1-Ne pas connaitre la Vérité est un problème. Mais, refuser de se faire enseigner est semblable à un acte de suicide.

2-C'est la vérité ! On a toujours besoin d'être enseigné, à tous les âges de la vie.

3-Connaitre la Vérité est plus importante, que de posséder des biens matériels. Vous connaitrez la Vérité, et la Vérité vous rendra libre.

4-Ah oui ! C'est la vérité, ce que je dis! Jésus est vivant et, IL parle toujours. Et ce que je suis, je le suis par Sa grâce.

5-C'est vrai ! C'est la vérité ! Le sang de Jésus efface, tous types de tâches ou de péchés.

6-C'est vrai ! C'est la vérité ! Je dois tout ce que je suis au Seigneur Jésus. Je vous assure ! C'est la vérité ! C'est vrai ! Jésus est le Seigneur de la Création.

7-C'est vrai ! C'est la vérité ! Les méchants ne triompheront jamais sur les justes. Car, la justice appartient à notre Dieu.

8-La prédication suscite la foi, et l'espérance. Mais, ne permet pas l'affermissement des brebis. Seul l'enseignement permet l'affermissement.

9-L'enfer me demande, comment reconnaitre qu'une œuvre est divine ? Attrape nigaud ! Venant de l'Enfer, ils savent qu'ils n'en sont pas les auteurs.

Par contre la question qu'ils devraient poser est comment, les hommes peuvent-ils la reconnaitre ?

C'est simple ! Et, c'est la vérité ! Premièrement, on respecte la Présence du Saint-Esprit, donc de Jésus. Deuxièmement, cette œuvre résiste à l'usure du temps. Voilà, c'est cela ! J'espère avoir répondu à votre question implicite.

L'ALLIANCE

1-Alliance décision prise, par plusieurs personnes de marcher ensemble, sur la base d'accords bien spécifiés et clairs. En vue d'accomplir, ou d'atteindre un objectif particulier. En mettant en commun, notre temps, nos forces et nos biens et par-dessus, nos personnes entières.

2-Loi ensemble des règles, ordonnances, statuts principes et commandements qui régissent et gardent l'Alliance.

3- La Loi est constituée de la Parole et des rites sacerdotaux. Nous ne sommes plus sous la Loi, signifie que nous n'accomplissons plus les rites sacerdotaux. Car, Jésus-Christ les a accompli pour nous, dans Sa chair, pour toujours. Mais, nous obéissons toujours, à la Parole. Le Ciel passera, mais Ma Parole ne passera jamais.

4-Ordonnance ce qui s'applique uniquement, sur ce cas, spécifique.

5-Commandements ce qui M'importe au préalable que tu fasses, pour être en bon terme avec Moi. Et dont, J'exige par-dessus tout que tu obéisses

6-David a été oint, alors que Saül fils de Kis était roi en Israël.

Sans le fait que David fils d'Isaï ait été oint, le peuple d'Israël serait resté dans la défaite ; du fait, de Saül fils de Kis qui n'en faisait qu'à sa tête.

La Présence du Seigneur en Israël, n'était due qu'à la présence de David en Israël ; l'homme selon le cœur de Dieu. Ainsi donc, David fils d'Isaï, ce berger inconnu de tous, était devenu un homme d'Alliance, une source de bénédiction.

7-Lorsqu'un frère, une sœur tombe dans le péché de fornication, masturbation, adultère, elle est rentrée en alliance inconsciente avec le royaume des ténèbres.

Le péché du sexe est très dangereux. Il tisse des pactes avec démons dont on ne connait pas. Et, des organisations démoniaques dont, nous ignorons l'existence. Car, si l'on est tombé, c'est qu'il y avait des organisations qui complotaient contre nous, pour nous faire tomber. Pour que nous soyons sous leur servitude.

Pour en sortir, il faudrait être un homme ou une femme spirituel(e), pour être conduit par le Saint-Esprit.

8-Le Seigneur l'a juré, jamais IL ne se repentira : Daniel, tu es Mon fils. Parole de Seigneur.

9-Je t'attendrai au Ciel, toi, ta future épouse, et tes enfants. Mais, pour l'instant, tu dois achever le travail que Je t'ai confié. Parole de Jésus.

10- Le but de ta mission est de donné, aux fils et enfants de Dieu, le modèle de réussite en Jésus ton Seigneur. Le tout est possible, à celui qui croit. Afin de les sortir de leurs terriers, de leur vie de médiocrité et de peur.

L'argent n'est pas le diable et la voie pour l'acquérir, peut se faire par le partenariat avec le Seigneur Jésus. Pour ceux qui ont des cœurs simples et qui L'aime.

Mais pour ceux aux yeux de qui, leurs âmes n'ont que peu de valeurs ; ils s'en en procurent par le biais de Satan. Mais la géhenne les attend, comme leur père le Diable.

11-Une amitié humaine peut-être détruite, mais l'amitié avec Jésus ne devra jamais être détruite.

Repentance, Pardon et Secret

1-L'erreur arrive dans toute œuvre humaine. L'accepter comme tel et s'appliquer à ne plus la refaire, c'est prouvé que nous sommes navrés d'avoir eu à la commettre. Et que, nous ne voulons plus nous y retrouvé dedans.

2-Persisté dans l'erreur est la preuve que nous nous sommes égarés, que nous sommes devenus dure d'entendement.

3-Il faut un jour, avoir été blessé par une personne que l'on aime énormément, et pour qui l'on s'est sacrifié, pour apprendre à pardonner et, à servir le Seigneur Jésus sans rien attendre en retour, de qui que ce soit.

4-Accepte le pardon que le Seigneur Jésus t'accorde, tu seras rendu semblable à Lui, à la résurrection des morts ; grâce au corps glorifié qu'IL te donnera.

5-Pardon, par don, comme une faveur, je ne mérite pas que Tu me l'accordes. Mais... Voilà ce que nous avons demandé, au Seigneur Jésus, au Père et au Saint-Esprit à notre conversion.

6-Tous nous faisons à des moments donnés, des bêtises, après les avoir confessé au Seigneur Jésus, il arrive souvent qu'IL nous dise de ne pas le partager avec d'autres. Que cela reste en Lui et nous.

Car, sitôt dit en présence des personnes mal affermis que l'ennemi trouverait en cela, le moyen de ruiner votre vie.

Mais, si le Saint-Esprit, vous fait grâce de rencontrer un frère de qui, IL rend Lui-même témoignage, vous pouvez vous confier à lui. Au reste, fermez vos bouches.

7-Si quelqu'un a péché, qu'il appelle un ancien de l'Eglise et confesse son péché. Le seigneur Jésus le pardonnera et le relèvera.

8-Etre agréable, au Seigneur ne sous-entend pas que nous ne péchons pas. Mais qu'au-delà de tout nous savons Lui demander pardon, tout en continuant à accomplir la tâche qu'IL nous a confiée dans Sa bonté.

9-Il y a des secrets que le Seigneur Jésus ne vous demande pas de partager. Et, le Saint-Esprit vous en rendra témoignage.

10-Dieu a demandé à Abraham qu'il sacrifie son unique fils Isaac. Fort heureusement, pour lui qu'il n'a pas eu à associer Sarah dans cette affaire ! L'affaire aurait été grave, durant la nuit ! Attention, ne prêter, pas des intentions détournées à mes propos ! Il n'est nullement question de sacrifier vos enfants.

11-Plus la personne est importante dans l'église, et connu de plusieurs hors de l'église, plus l'impact d'un scandale serait énorme dans les cœurs.

12-La faute d'un serviteur est vite publiée, dans toute la ville. La faute d'un fidèle est vite oublié.

13-Les hommes peuvent souvent pécher ou faire des erreurs, qui ne conduisent pas nécessairement en Enfer. Et si le Seigneur Jésus a dit : Tu es Mon serviteur pour toujours. IL ne s'est pas trompé.

14-J'aime les tennismans, ils n'ont pas le temps à la distraction. Sitôt, ils remportent un tournoi qu'ils sont, déjà sur un autre challenge. Et, s'ils connaissaient l'échec, ils ne resteraient pas à pleurer. Mais, iraient sur d'autres challenges.

Sagesse et Folie

- ✓ Sagesse
- ✓ Sage
- ✓ Folie
- ✓ Fou
- ✓ Serpent
- ✓ Péché
- ✓ Magie
- ✓ Jugement

Sagesse

1-Moi je dis que la sagesse, c'est de se soucier de ce que pense Dieu, ce qu'IL veut, de ce qui Lui plaît et de s'aligner dessus.

Ne dit-on pas que la crainte de l'Eternel est le commencement de la sagesse ? Si parce que, en craignant le Seigneur Jésus, nous nous appliquons à faire ce qu'IL veut, donc: nous devenons alors sages.

2-Si en tant que serviteurs du Seigneur Jésus, les livres des proverbes, des psaumes etc... Nous laisse indifférents, c'est que vous présentez une réelle instabilité. Et donc, vous n'êtes pas apte, à diriger un peuple.

3-La différence entre la sagesse divine et, la sagesse humaine est que l'une s'occupe du point de vue de Dieu et l'autre, du point de vue humain (chair).

4-La Sagesse observe, analyse, comprend et juge les actions et évènement.

5-Ne soyez pas ennemis de la Sagesse. Sinon, la Vie vous privera du droit de régner.

6-La Sagesse ne supporte pas l'orgueilleux. Elle se déplait à le voir, persister dans sa voie.

7-La Sagesse est au-dessus de toutes les œuvres de Dieu. Elle est Son Amie fidèle.

8-L'intelligence peut manquer le but, la connaissance peut manquer le but. Mais, la Sagesse jamais.

Alors comment pouvez-vous la mépriser ? Pour l'avoir méprisé, elle vous ramènera à votre juste valeur. Peser, peser, léger vous êtes trouvés, sans la Sagesse.

9-Exalte-Moi dit la Sagesse. Je suis le secret, des mystères de la Création de Dieu. Devant Moi, l'orgueilleux tient sa bouche fermé.

10-Je suis la Sagesse, la première des œuvres de Dieu le Père. Ceux qui M'aiment posséderont le pays et ceux qui Me haïssent, seront renversés.

11-Moi, la Sagesse, J'ai en horreur les orgueilleux ! Etaient-ils présents au commencement de la Création, pour réfuter mes enseignements, et remplir ma Création d'horreurs ?

12-La Sagesse s'attriste de ce que les hommes, aiment à souffrir. Et qu'ils refusent Son conseil.

Ne vous conduis-Je pas sur le sentier de la Vie ? Cependant vous préférez l'orgueil à Mon conseil.

13-Moi la Sagesse, J'ai envoyé un peuple sur la Terre, pour établir Mon Royaume. Cependant, il veut le faire sans Moi.

Serai-Je dépourvu d'intelligence, pour que Mon peuple apprécie, l'orgueil et la sottise plutôt que Mon conseil ?

14-Moi la Sagesse, j'ai beaucoup a enseigné, à cette génération rebelle.

15-La Sagesse parle au travers du sage ? N'est-il pas Son produit, œuvre de Sa formation ?

16-Pour renverser l'orgueilleux, Moi la Sagesse, J'accompli des œuvres qui lui sont impossibles.

17-Demande la Sagesse à Dieu, et tu seras Son ami. Demande la folie a Satan et tu seras ennemi de Dieu, en proie à toutes sortes de destructions.

18-Derrière la parole de sagesse, se cache une révélation profonde. C'est pourquoi, ne les prends pas toujours au premier degré.

19-Tes ennemis Te flattent ô Sagesse ! Grandes sont Tes œuvres !

20-La Sagesse est au service de tous. Et, l'orgueil, au service de l'insensé uniquement.

21-La sagesse parle dans la connaissance, du sens des mots. Si la Sagesse te qualifie de sauvage, c'est que tu l'es. Car, sauvage signifie simplement que, tu n'as pas été éduqué ou bien éduqué. D'où ton caractère, petit sauvage.

Il n'en est pas ainsi de l'insensé, pour qui chaque parole traduit sa haine, son envie de meurtre.

13-Pour tout enfant de Dieu, la Sagesse, l'Intelligence et la connaissance doivent être recherchées ardemment ; de peur d'être toujours la victime préférée de Satan.

14-Pourquoi Salomon a-t-il demandé la Sagesse au Seigneur ? Parce que, la Sagesse permet de comprendre les autres, pour avoir l'attitude juste devant chaque situation. Mais aussi, les supporter, ou s'adapter à tous types de caractères. Afin que l'œuvre qu'il dirigerait ne soit pas détruite par des impulsions d'actes charnels incontrôlés.

Car, le cœur de l'homme est tortueux, et seul des hommes remplis de la sagesse du Saint-Esprit, peuvent les supporter jusqu'au bout.

15-La Sagesse est une étude de la Vie, de l'existence, pour être en accord avec Son Auteur donc : avec Jésus-Christ.

16-Satan m'a demandé sur quoi est fondée la Sagesse ? C'est qu'il ne sait plus où mettre la tête avec moi. Je lui ai dit que la sagesse est fondée sur le Seigneur Jésus-Christ. C'est pourquoi les hommes sages auront toujours la supériorité sur lui.

Alors, il m'a encore posé la question de savoir qu'est-ce que la sagesse ? Je lui ai dit que la Sagesse est la parole juste, suivi de l'action juste qui honore Dieu.

17-La sagesse te place au-dessus de tous, ceux qui sont autour de toi.

18-C'est certains, même le méchant devra reconnaître que la sagesse divine est, bien manifestée en toi.

19-Les paroles de la sagesse, sont peu nombreuses, elle aime à garder, le silence. Lorsque sa bouche s'ouvre, ses paroles ont plus de valeurs que milles mots prononcés, en une minute par un insensé.

20-Le trône n'est pas assuré, ni protégé par la force du roi. Seul Jésus à le pouvoir de l'affermir, par la sagesse.

21-C'est le moment de montrer de la sagesse. Celui qui est intelligent peut comprendre le chiffre de la bête, parce qu'il représente le nom d'un homme : 666 Vincent Neufquatre Dicneuf.

22-Certains qualifient la Sagesse, comme l'art de structuré des phrases. Cependant, elle est bien plus.

La sagesse est la clef principale après la Parole, qu'utilise le Saint-Esprit pour accomplir le plan divin. Mais bof ! Aux yeux de l'insensé, elle n'a pas sa place.

23-La Sagesse a le moyen d'accomplir, toutes les menaces qu'Elle profère, contre l'insensé.

24-La sagesse ouvre la porte à la confidence. Mais, la folie écarte toute confidence. Car, Si confidence, il doit y avoir, c'est parce que la personne devant nous, peut nous aider à en sortir. Et non pas à nous enterrer vivant.

25-La sagesse humaine tolère tout, et justifie tout, même des abominations, telle que, le mariage entre même sexe.

26-La sagesse divine, tient toujours compte du point de vue du Seigneur Jésus.

27-La sagesse élève au-dessus du lot.

28-Sur la Terre, la Sagesse divine se manifeste au milieu des ténèbres. Montrant par-là qu'elle est divine et que le Seigneur Jésus règne.

29-La Sagesse divine, est le savoir-faire du Saint-Esprit. Ce qui fait, que tous ce qu'IL bâtit soit fait à merveille.

30-La sagesse est plus forte, que des hommes de guerre. Insensé, c'est normal ; c'est sa caractéristique.

31-La guerre prend fin, lorsqu'il y a un vainqueur. Et, la Sagesse remporte toujours les guerres.

32-La grandeur de la Sagesse divine repose sur le fait, d'être la science de tous les mystères, la porteuse de vie et d'espoir

33-La sagesse divine est trop grande pour Satan. Elle ne lâche, ni ne cède du terrain à l'ennemi. C'est une arme redoutable que d'en posséder.

34-Un abri est une sécurité qui nous permet de ne pas être, victime des maux qui frappent les sans-abris. Et la sagesse est un abri.

Sage

1-Le silence du sage, regorge de beaucoup de solutions ou réponses à plusieurs problèmes. Mais, la stupidité du méchant, l'oblige à garder le silence. Evidemment, il n'aime en rien les conseils.

2-La victoire du Sage résulte du fait qu'il soit bâtit sur Jésus. Et qu'il soit conduit par le Saint-Esprit.

3-C'est vrai, le sage habite dans sa maison l'humilité, et vie en paix avec son Seigneur et Maître Jésus. Mais le stupide lui est un sans-abri qui erre çà et là, dans ses pensées pour échafauder de mauvais desseins. Et au jour du malheur, il se rend vite compte qu'il a pour seigneur un mercenaire et meurtrier.

3-Pour le sage, ce qui compte c'est être en accord et en harmonie avec le Seigneur Jésus dans toutes ses voies.

4-L'enseignement est pour les hommes sages. Car, ils savent eux, quoi enseigner à leur auditoire.

5-Les postes de responsabilités appartiennent aux hommes sages, et non pas aux fous.

6-Les paroles du sage sont trop élevées pour être comprises, par un sot. Toujours est-il, qu'il en tordra le sens. Même lorsqu'elles sont aussi claires, que le soleil à son zénith.

7-Le sage souffre, plus que tous les autres hommes. C'est normal ! Sa compréhension du monde l'amène, à trouver des solutions qui faciliteraient la vie à son prochain.

Mais hélas ! Son prochain aime mieux le malheur, la souffrance, l'échec et les ennuis. Et trouve ridicule d'écouter son conseil. Et, cela lui fait énormément souffrir.

8-Il y a un enseignement que le sage tire, en observant l'insensé : C'est qu'il est vraiment insensé. Et que le sens, lui manque.

9-Le sage dans le fond, ne connait pas le repos. Evidemment, sa tête est toujours plongée dans de profonde réflexion. Mais, la joie et la paix, il sait ce que c'est.

10-Lorsque la voix du sage se tait, c'est qu'il a à faire à des sourds. Et qu'il est malheureusement, résolu a les laissé aller se fracasser sur le mur.

11-Le silence du sage annonce, de grands malheurs, ou danger. Lorsqu'il parle, c'est seulement pour éviter que nous en soyons victime. Sitôt sa sagesse méprisée que le malheur est au-devant, de tous ceux et celles, qui en ont nullement besoin.

12-Le sage est une sentinelle, qui annonce les évènements avenir. Evidemment, l'homme prudent voit le mal au loin. Voici pourquoi, prête l'oreille à la parole du sage.

13-La voix du sage évite de se laisser, surprendre par l'ennemi.

14-Le sage parle, et l'insensé n'y prête pas garde. Mon fils fuit, cette fille et ne t'approche plus d'elle. Elle est aussi dangereuse qu'un serpent.

15-Le pouvoir est en réalité sur les lèvres du sage. Il peut faire, comme défaire la vie d'une personne. O croyez-moi sur parole ! Le sage corrige les bêtises de l'insensé. Mais qui corrigerait les erreurs du sage ? Certainement pas un insensé ; car, il aime la bêtise. Mais Jésus seul ou, Jésus au travers d'un autre sage.

16-L'abri d'un homme sage est sa réflexion. Mais l'insensé est réactif.

17-Le but du Sage n'est pas d'incendié la maison, mais d'éteindre le feu. Mais, si le sage incendie la maison, c'est une décision sage de sa part. Car, il n'y avait rien à en tirer de cette maison.

18-Une différence entre le sage et l'insensé, est que : le sages est patient et l'insensé très impatient.

19-La colère du sage est comme, le rugissement d'un lion. Elle fait trembler, l'insensé qui devient sans voix.

Folie

1-La stupidité excelle à réduire tout, dans le chaos

2-L'ennemi de l'homme est la folie, son Ami est la sagesse.

3-La folie s'écrie dans les rues : es-tu prêt à mourir ? Si oui, suis-moi.

4-Avant d'entrer dans une maison, Satan appelé la Folie, test le niveau de Sagesse du propriétaire de la maison.

Car, la Sagesse divine révèle, dévoile ou démasque toujours la présence de la Folie.

5-Un jour la folie est allée rencontrer la Sagesse, lui disant : A tous les coups, Tu gagnes, remportes sur moi. Et, Tu ne cesses de me ridiculiser. Permets cette fois-ci que, je Te bande les yeux, la bouche, Te ferme la réflexion, Te lie pieds et mains, en Te gardant prisonnière de ma malice. Et, je verrai si, c'est dans la liberté que se situe Ton avantage sur moi.

La Sagesse a accepté de se faire prisonnière, de subir la malice de la folie. Mais, sans réflexion, les yeux et la bouche bandés, les pieds et mains liés, privé de tout, et prisonnière de la folie, la Sagesse est parvenu à se libérer du joug de la folie. Montrant par-là, quelle aura toujours, la supériorité sur la folie et ce même, sans liberté d'action.

6-La folie est cette amitié circonstancielle, bien trop fragile pour vouloir bâtir quoique que ce soit. Car, dès lors vous vous y prêter, les yeux rouges, les si je savais remplacent toutes phrases sensées, sur vos lèvres.

7-Il arrive souvent que la folie, se fasse passer pour la Sagesse. Seulement sa nature la rattrape toujours. Car, lorsque vient le moment de manifester la Sagesse, n'ayant pas cette nature, elle retrouve rapidement son habit de folie, en un instant. Et scandalise comme à son habitude, son entourage.

8-La folie est incroyable, elle va voir son dieu Satan pour tenter de voir comment, elle pourrait s'allier en mariage avec la sagesse. Satan lui répond néanmoins, tu es ma fille, mais cela n'est pas de mon ressort. C'est Celui-là qui marie Ses serviteurs, hélas pour toi !

Mais, je le veux ! Je suis trop sale pour me marier avec ceux de mon espèce. C'est justement cela, marie toi avec ceux de ton espèce, lui dit son père Satan.

Ah ! Mais, il sera heureux et moi malheureuse ! Mais sache que cela, ne t'a pas été donné. Même avec les sortilèges et l'arsenal dont nous disposons nous n'avons pas pu. Laisse tomber !

Et si je m'approchais de lui, pour lui révéler mes sentiments ? Il te trouvera néanmoins folle. Car, vos deux natures sont incompatibles.

9-La déchéance d'un homme serait de se croire égal ou, l'égal du Seigneur Jésus-Christ.

10-Après des années d'âpres combats, moi la folie reconnais, être trop limité devant la Sagesse. Le seul moyen pour moi et qui me caractérise est d'avoir, recours à la violence. Car là, je suis dans mon élément. Brr ! Quelle m'énerves celle-là !

11-Excéder par les défaites cinglantes dont elle est victime, la folie se mit à insulter la sagesse. La sagesse de lui répondre : c'est trop d'honneur de ta part que de m'insulter. Car, cela prouve ton incapacité devant moi.

Soudain, elle voulut changer de langage. La sagesse de lui dire, ce n'est pas naturel chez toi. Chasser le naturel et, il revient au galop.

12-La folie un jour s'est dite, je vais épouser la Sagesse en faisant appel à mes amies de toujours, l'enchantement et la manipulation. Ses amies lui dire c'est mission impossible. La Sagesse a des sœurs que sont l'intelligence et la connaissance. Elles nous démasqueraient facilement. Et nous ne pourrons, rien faire, si ce n'est d'être ridicule. Mais, tentons quand même dis la folie, sait-on jamais.

Et la Sagesse et ses sœurs, l'intelligence et la connaissance, les ont mis en déroute. Honteuses et confuses, elles s'en sont allées, regrettant d'avoir croisé le trio vainqueur qu'est : La Sagesse-Intelligence-Connaissance.

13-Il y a des femmes qu'il ne faut jamais aborder dans le sens du mariage. Et la folie est ce type de femme. Toujours en guerre contre son mari, jusqu'à ce qu'il meurt.

15-Pour la folie tout est permit, sauf obéir à Jésus.

16-La folie apostrophe la Sagesse : Tu as des secrets que Tu ne m'as pas dévoilé, d'où te viens Ta supériorité sur moi ? Révèle le moi, et nous serons de force égale. Je suis Dieu dit la Sagesse et pas toi.

17-La folie, j'y pense mais je n'y veux pas !

18-La folie, est venue tapir à la porte de ma tête. Mais, elle n'a pas la clef pour y entrer.

19-La folie est un pillard qui se satisfait de la misère de sa victime. Son plaisir, la réduire à rien.

20-Le but de la folie est de faire ombrage, à la sagesse. Elle crie si fort devant chaque situation, qu'elle laisse croire à son auditeur qu'elle est la voie par excellence.

21-Choisir la folie comme action à entreprendre, c'est avoir décidé de se pendre volontairement.

22-La folie aime à provoquer les scandales. Sitôt, il y a scandale qu'elle prend plaisir à faire la une, pour détruire des réputations et des vies.

23-Derrière la folie, se cache un avenir radieux, plein d'espérance, retenue captif. Et qui n'attend qu'à être délivré de ce joug.

24-La folie est une geôlière qui vous fait errer sans fin, sans but. Faisant de chaque jour une punition. Car vous existez seulement pour souffrir, sans aucun répit, ni repos.

25-La folie n'a jamais été bonne conseillère.

26-Sitôt un roi, commence à poser des actes de folie, vite, il s'en rendra compte qu'il aura été renversé.

27-Les victimes de la folie sont ceux qui l'aiment.

28-La folie ne doit jamais s'asseoir à la table des décisions. Vaut mieux pour toute l'assistance, avoir à faire à quelqu'un d'autre.

Fou

1-Le point de vue d'un fou, est selon sa folie

2-Il est un homme qui choisit telle voie, car dit-il les risques sont minimisés ? Mais à quel niveau sont-ils minimisés, sur un point de vue spirituel ou naturel ?

3-Ce qui me paraît le plus étrange est que l'insensé, cherche toujours à passer pour plus intelligent que le sage, et ce même en public.

4-Attention ! Le perroquet est un répétiteur idiot qui ne, sait pas ce qu'il dit à son interlocuteur.

5-L'intelligence de l'homme, est comme celle d'un fou.

6-Des hommes sans éducation ? C'est bâtir, rebâtir, rebâtir, rebâtir et rebâtir sans fin. Et cela est vrai !

7-S'il y a une femme, c'est qu'il y a un homme pour la marier. Et, s'il y a un insensé, c'est qu'il y a un sage pour corriger ses bêtises. Mais, lorsqu'on est trop insensé, on ne le sait pas et ne l'accepte pas.

8-Que dis-tu ? Hein ? Je n'entends rien. Telle est l'attitude des insensés en dépit toutes réprimandes ou conseils.

9-Corriger Jésus dans Ses choix et actions, c'est prétentieux. Chercher à comprendre Ses choix et orientations pour mieux, Lui obéir c'est préférable.

10-Laisser un fou diriger les assises ? Alors là !

11-L'insensé réfléchit après avoir posé l'acte. C'est que la gravité des faits, l'amène à réfléchir sur sa folie. Il n'en est pas ainsi du sage, qui agit après une mure réflexion.

12-Si après avoir été au pied d'un saint homme de Dieu, et qu'on n'a pas muri en sagesse, c'est clair, c'est la vérité : auprès de lui, on a jamais servi le Seigneur Jésus-Christ. Mais, des ambitions personnelles et égoïstes.

13-Pour le stupide ce qui compte, c'est l'acquisition du bien.

14-Le stupide allie sa réflexion à la stupidité de son maître. Mais, le sage allie la sienne, à celle de son Seigneur et Maître Jésus.

15-Le stupide tente de tendre des pièges à la Sagesse. Quel stupidité !

16-La stupidité fait plonger le stupide dans la bêtise. Qui elle à son tour, le fait tomber dans la fosse qu'il a creusé contre la Sagesse.

17-Le piège du stupide, ne présente à ses yeux aucune faille. C'est parce qu'il ne voit jamais l'intervention du Seigneur Jésus. Evidemment, pour lui, IL n'existe pas. Et même s'IL existe, il se croit au-dessus de Lui. Encore une stupidité de sa part !

18-Un stupide s'est dit un jour, il n'y a pas plus intelligent que moi. J'ai l'art de la réflexion. Je pourrai faire tomber qui je veux, et même pourquoi pas la Sagesse.

Mais dans sa stupidité, ce stupide avait oublié qu'au commencement de toutes choses, la première des œuvres de Dieu notre Père fut la Sagesse, la connaissance de tous les mystères.

19-Le stupide confond la malice à l'intelligence. Oubliant que la malice est une réflexion tournée vers le mal. Et que le salaire du péché, est la mort. Et que toutes ses œuvres finiront, par être détruites. Pauvre stupide !

20-Aux yeux du stupide, le sage est stupide. Car, il n'agit pas selon sa stupidité.

21-Vexé une personne, c'est assez simple. Il suffit d'utiliser contre elle, un mot dont elle connait le sens profond.

Cependant, l'insensé par la multitude de ses paroles vexe tout le monde, même le Seigneur. C'est vrai quoi ! Il parle de manière irréfléchi.

22-Quelle stupidité pour un homme de demander au Seigneur de le mettre, au large, sans pour autant connaitre la voie de la sagesse.

23-Un insensé parle, sans connaitre le sens des mots.

24-A côté d'un insensé, il faut un homme sage. Mais encore faudrait-il que cet insensé, reconnaisse son besoin de sagesse.

25-Une chose qui m'a paru étrange, voici deux personnes voulant trancher sur une affaire. Elles vont vers une autre pour qu'elle examine l'affaire de plus près. Mais dès lors, où cette dernière leurs suggère quelque chose. Les voilà hors d'eux-mêmes, disant : Partons voir ailleurs, il ne s'y connait en rien celui-là. Pourtant, si elles ont décidé d'aller la voir, assurément c'était parce qu'elle leur était supérieure en sagesse.

26-En tant de trouble, l'insensé ne s'est jamais posé la question de savoir pourquoi, le sage lui propose toujours une alternative autre que la sienne.

27-Moi, je dis qu'un insensé, ne devrait pas enseigner. C'est vrai, il rendrait tout le monde, fou par son enseignement.

28-Qu'il est difficile, et même très difficile, de travailler avec des personnes qui manque cruellement de sagesse. Elles s'interrogent et se disent : Pourquoi l'œuvre ne progresse pas ? Certainement c'est à cause de tel, non de celui-ci, non de celui-là. Oubliant que leur manque de sagesse cause leur perte, et paralyse l'œuvre entière.

29-Voir un insensé à un poste de direction, c'est le commencement des ennuis. Evidemment, il invitera à la table des décisions, son amie la folie et, ses sœurs la bêtise et la stupidité.

30-L'un des mots phares de l'insensé, est : je peux, ou je sais. Et sur le terrain, il est le roi des situations catastrophiques. Pauvre insensé ! Je lui concède bien qu'il peut. Mais, il peut vraiment m'être mal à l'aise tout le monde. Même, le Seigneur Jésus et lui-même.

31-Un fou pensera toujours, que la Sagesse est peu de chose. C'est mieux, la puissance uniquement.

32-Les actes de folies, sont le signe d'un refus de conseils ou de conseillers.

33-Le problème de l'insensé, est qu'il mésestime et sous-estime la Sagesse.

34-Un insensé pour ennemi, l'affaire peut être résolu. Un sage pour ennemi, personne ne pourra te relever.

Que comprends-tu aux voies de la Sagesse pour, raisonner en toi-même ? La Sagesse a deux visages, la conciliante et la guerrière.

Serpent

1-C'est une humiliation pour Satan, que des faibles, des hommes sans valeurs à ses yeux comme moi, puissions le renverser et détruire toute son œuvre, par la puissance du Saint-Esprit.

2-Par la qualité des épreuves par lesquelles je passe, je me suis rendu compte, combien Satan croit en moi. Notamment, que je suis serviteur du Seigneur Jésus-Christ. Et qu'il y a sur ma vie une grâce.

Seulement, il s'y prend de la manière qui soit la plus naturelle en lui, à savoir : Egorger-tuer-voler. Et c'est comme cela, qu'il se met à témoigner qu'il croit en la promesse du Seigneur Jésus-Christ dans nos vies.

Drôle de manière, tout de même. Mais, se sont ses moyens !

3-Si Satan vient vers vous, pour vous inciter à lui vendre votre âme. Soyez rassuré, il n'est pas idiot ! Il sait ce qu'il veut.

4-Ne vous séduisez pas par de vaines pensées. Satan vous offre des voitures, des maisons et tout le reste. Mais à quel prix ? Au prix de votre âme.

Savez-vous quelle est la valeur d'une âme ? Non, je sais que vous ne le savez pas et ne le mesurer pas. Mais, Satan lui, il en sait quelque chose.

5-La seule chose de vrai que le serpent, sache dire est : je veux te manger. Le reste c'est un tissu de mensonge. Car, lorsqu'il ment, il est dans son élément, le mensonge.

6-Le problème de Satan, est de pensé que Dieu est un menteur. C'est pourquoi, il cherche toujours à trouver une faille dans chacune de Ses paroles. Peine perdu d'avance !

7-Toutes ces épreuves sont suscitées par Satan, pour essayer de prouver que Dieu s'est trompé. Et donc, s'IL s'est trompé, IL devrait également le réhabiliter. Mais, le jugement a été déjà prononcé sur lui ! Car, Dieu ne se trompe jamais.

8-Le serpent ne fait de déclaration d'amour qu'à une femelle serpent. Car, sa nature, l'interdit de considérer d'autres espèces comme de potentielles femmes. Mais, plutôt comme des repas.

9-Je ne pense pas qu'il y ait encore des serpents au Ciel. C'est vrai quoi ! Les serpents n'héritent pas de la vie éternelle, mais de la géhenne !

10-Si vous voyez le serpent vous attaquer, c'est que vous l'effrayé.

11-Un serpent a beau muer, il reste toujours égal à lui-même : un serpent. Par contre, lorsqu'une chenille mue, elle devient un joli papillon. Ne prêter pas foi, à tous les esprits.

12-O Satan ! Quel avenir radieux qui se présente devant toi ! Mais qu'est-ce donc ? L'Enfer.

13-Le serpent semble-t-il, oublie la machette qui se trouve entre les mains de celui qu'il attaque. Encore une imprudence de sa part.

14-Attention ! Voilà un mot qui échappe, à tout ce qui s'approche de Satan, et de ses démons.

15-Le serpent cache son venin mortel derrière sa langue. Il la présente tout d'abord. Et à par la suite, ses crocs se trouvent planté dans la chair de sa victime, qui finit par sombrer ; faute de n'avoir pas compris que le serpent ne change et ne changera jamais de nature.

16-Celui qui fait appel, à la puissance du serpent n'a pas fini de payer son imprudence. Car, il y a inimitié entre le serpent et l'homme.

17-Pour le serpent, le sang, le sang, le sang, le sang, le sang, le sang, le sang, le sang, le sang, le sang, le sang, le sang, le sang, le sang, le sang …

18-La voie de Satan est un sépulcre ouvert. Celui qui s'y engage à commencer à préparer sa mort.

19-Maudit soit l'homme qui prend Satan pour référence et appui.

20-Satan n'a jamais fait d'une personne, une autorité spirituelle. Mais, une véritable machine à tuer.

Péché

1-Péché est le fait de ne pas accomplir la volonté du Seigneur ; c'est-à-dire, respecter le but pour lequel, IL a créé telle ou telle chose, voire direction. Donc, nous péchons tous, et ce tous les jours.

2-Aimer le Seigneur Jésus, c'est s'efforcé à ne pas pécher volontairement.

3-Certes Jésus nous prend tel que nous sommes ; dans notre état de pécheur. Mais, ne tolère pas que nous le demeurions toujours, malgré la grâce qu'IL nous accorde.

4-La faute d'un serviteur, publié dans toute la ville, peut amener les gens, à être réfractaire à la voie de Jésus. Car, diront-ils : même lui, donc cela ne vaut pas la peine.

5-Le Seigneur Jésus, ne livre jamais Ses serviteurs pour une faute. Mais, si ces derniers se vautrent dans le péché, ils sont surs d'être livré en spectacle.

6-Toute faute, ou péché d'un responsable se traite devant un ou plusieurs responsables

Magie

1-Pour réaliser de grandes choses dans la foi, il faut au préalable être dans le secret de Jésus, dans son conseil. Sans quoi, tout autre acte serait considéré comme, un acte de magie.

2-La magie n'a rien avoir avec la foi en Jésus.

3-Un acte de magie, n'est pas un miracle. Mais, un chemin frayer, pour une descente en enfer.

4-Un magicien est un enchanteur, un perfide menteur et trompeur. Jésus est venu pour libérer les captifs ; pour donner la vie à Ses brebis et qu'elle ait dans l'abondance.

Jugement

1-De deux une, soit vous aimer le Seigneur Jésus et vous restez ferme jusqu'au bout.

Soit vous ne l'aimiez pas et jeté l'éponge. Ce qui condamne plusieurs qui se disent serviteurs de Dieu.

2-Attention ! On ne pactise jamais, avec Satan ou ses agents.

3-Si tu penses que Dieu ne te voit pas, détrompe-toi. Dieu te voit, le Seigneur te voit. Jésus te voit et, IL te voit parfaitement.

4-A toi Satan, et à tes enfants un lot de douleurs éternelles. A moi et à ma maison un lot de joie et de grâce en Jésus Mon Seigneur.

5-On ne peut séduire l'esprit humain, encore moins l'Esprit de Dieu. Au jour du jugement divin la Vérité est impartiale.

6-Au jour du jugement humain, la Vérité observe. Au jour du jugement divin, la Vérité siège et prononce ses arrêtés.

7-Savez-vous qu'il y a des serviteurs de Dieu qui sont déjà réservés pour l'enfer ?

Certains d'entre vous, vous demandiez comment est-ce possible ? C'est simple. Ils sont allés très loin avec le Seigneur Jésus, découvrant Sa puissance, Sa grandeur, mais finalement, ont choisis de servir le serpent.

Pour eux, il n'existe plus de sacrifice expiatoire pour leur péché. Car, il faudrait condamner Jésus une seconde fois à la croix. Et cela n'a pas été donné aux hommes.

8-Lorsque le Soleil de justice se lève dans la vie de l'oint de Jésus, il vaudrait mieux ne pas l'attaquer durant cette période. Car, vous payerez, de la même manière que ceux qui le tourmente depuis le commencement. Après tout, ce n'est qu'un conseil.

9-Jésus est le Dieu, de justice. La justice divine, ne consiste pas seulement à punir. Quel est, alors l'autre côté de la justice ?

L'autre côté de la justice, est de récompensé la fidélité de Ses fidèles ; leurs labeurs. Car, IL n'est pas injuste pour oublier les services que vous avez rendu au Saint en Son Nom.

10-La justice cherche toujours ce qui est juste, devant la situation.

11-La faute d'un serviteur est vite publiée, dans toute la ville. La faute d'un fidèle est vite oublié.

12-Le jugement dernier, sera terrible.

13-Au jour du jugement divin seul la justice compte. C'est pourquoi, c'est une chose terrible que de tomber en jugement, devant le Seigneur Jésus. Surtout, lorsque la personne la miséricorde, elle n'a jamais ce que c'est.

14-L'exil ne suffit plus au méchant, pour sauver sa vie. Le jugement divin a débuté. Et, le séjour des morts réclame son âme avec instance.

15-Si changer de nom, est un moyen pour les hommes d'échapper à la justice des hommes, cela ne résout cependant pas le problème de l'âme.

Il y a une seule enveloppe charnelle pour chaque âme. Et chaque âme, aura à répondre en jugement devant le Seigneur Jésus, pour toutes actions commises.

16-O malheur ! Malheur ! Malheur ! Malheur ! Malheur ! Le Seigneur Jésus juge maintenant les méchants.

17-Justes réjouissez-vous ! Le jugement divin est arrivé. Et il y aura pour le méchant des amers regrets et des grincements de dents.

18-Terre tremblez devant les jugements opérés par le Seigneur. Qui pour arrêter Son ardente colère ? Des offrandes ? Des cris de repentances ? Mais, l'heure n'y est plus.

19-S'en est fini des dirigeants méchants, fourbes, pleins de ruses, habile au mal, des oppresseurs, des pillards.

20-Vive la justice ! Vive le Roi ! Vive Jésus !

21-Un pharisien n'arrive pas à reconnaitre, le Saint-Esprit. Mais, seulement à reconnaitre Moïse. C'est pourquoi, Moïse les accusera au jour du jugement.

22-Désolé de vous le dire, mais Jésus est fâché contre l'Eglise de l'Afrique. Contre ses serviteurs !

23-Il y a un jugement, pour l'homme inique. Il y a un jugement, pour le méchant.

24-Au jour du jugement, l'argent, les titres sociaux ou honorifiques des hommes ne pèsent pas plus qu'une plume d'oiseau.

25-Pour le méchant, Dieu n'existe pas. Si ce n'est dans le dictionnaire. Voilà pourquoi, il n'y prête point garde à Lui. Mais, il sera vite rattraper à l'ordre, au jour du jugement.

26-Où est passée cette génération perverse ? Elle a succombé au terrible jugement de l'Eternel des armées.

27-Et toi Daniel, Je suis avec toi. N'ai pas peur. Je te garderai tous les jours, de ton existence sur cette Terre.

28-A notre Seigneur Jésus et pour toujours, soit la puissance, la gloire dans tous les âges ! Amen !

29-Vive le Seigneur Jésus ! Vive la justice !

30-Tes jugements ô Eternel des armées sont justes et véritables ! Car, Tu juges avec justice.

31-Ton Trône ô Dieu, est fondé sur la justice et l'équité ! La droiture et la fidélité sont devant Ta Face.

32-O Dieu ! Nul n'est comme Toi, Toi l'Ancien des jours ! Le Témoin de la Création, le Témoin des jours.

33-Père, je Te rends grâce pour la Vie de Jésus, mon Seigneur à la Croix.

34-Le Seigneur Jésus est tout-puissant. IL fait tout ce qu'IL veut, rien ne Lui est impossible, rien ne Lui résiste.

35-Certains serviteurs de Jésus, change de camp avec le temps. Ils finissent à nouveau par retrouver le royaume des ténèbres duquel, ils avaient été sauvés. Ils sont pour cela, sans excuse.

Toi, tu es sans pitié, comment peux-tu dire cela ? Connais-tu les situations qu'ils ont eu à endurés ?

Peut-être pas. Mais, il leur aurait fallu agir comme Elie, en demandant au Seigneur de les enlevés si telle était Sa volonté ou de les fortifié. C'est ce qui les condamne.

36-La justice tient compte, de deux choses : la vérité et le droit et souvent une dernière, la miséricorde.

37-Privé un homme de son droit, c'est le réduire à une condition d'esclave. C'est vrai quoi ! L'animal ne sert que, les intérêts de l'homme : être mangé.

38-Un juge, est un homme juste. Car, comment pourrait-il juger, si le partie prit est déjà, dans son cœur.

39-La Loi est le juge impartial, qui n'aime pas à être contrarié.

40-Le droit est la seul chose, dans ce monde des hommes qui le défende. L'avocat qui se tient toujours de son côté. Même, Dieu notre Père, l'utilise pour nous faire justice.

LE CŒUR

- ✓ Cœur
- ✓ Patience
- ✓ Reconnaissance
- ✓ Maîtrise de Soi
- ✓ Blessures
- ✓ Envie
- ✓ Mode
- ✓ Cadeau

Cœur

1-Chaque milieu social revêt, un uniforme qui lui est propre. Mais, le cœur peut passer d'un milieu à un autre sans se revêtir d'ornement. Au fait, les vêtements ne sont que pour le corps.

Si tu veux accéder à de haute responsabilité, c'est de ton cœur qu'il faut premièrement te soucier plutôt, que de paraître devant la multitude en habits somptueux.

2-Compatir : se mettre à la place de celui qui est cloué dans sa situation. Mais, certains d'entre nous, ne compatissons jamais.

3-Tout mot dans la vie, a un sens. Et, tout mot dans la vie provoque une réaction.

Veille sur tout ce qui sort de ta bouche, pour éviter les conflits.

4-Est-ce insensé que de frapper son enfant ?

Si on reste sur le mot frapper on peut soulever d'autres explications. Car, le mot qui sied est corrigé ; corrigé soit en parole, soit par une punition. Alors que frapper, peut être pris dans le sens de martyriser.

Conclusion dans certaines situations, on peut éviter les discussions sans fin, si l'on regarde seulement le fond de la pensée.

5-Un cœur transformé : c'est plusieurs années de souffrances. Tout en pratiquant, ce qui est juste devant Jésus. Tout ceci, dans une attitude d'humilité et de sagesse.

6-La jalousie provient, de l'incapacité d'un cœur noir, qui n'admet pas que quelqu'un puisse arriver à faire, ce qui lui est incapable de faire.

7-Un problème, vient souvent perturber le calme qu'il y a dans le cœur. Et pour le résoudre, il faudrait au préalable retrouver ce calme.

8-La panique est une preuve d'une instabilité émotionnelle. Une preuve annoncée à l'ennemi que nous reconnaissons sa supériorité.

9-Le souci cache souvent, la lumière aux choses qui dans nos cœurs peuvent nous faire passer ce temps de trouble.

Il y a raison de se réjouir, des moindres choses à nos yeux que Jésus fait dans nos vies au-delà du souci.

10-Jésus de dire que donnerai un homme en échange de sa vie ? Réponse pour être sauvé, il devra donner son cœur entièrement à Jésus.

11-L'interprétation peut jouer du tort, dans l'exécution d'une parole émise. C'est pourquoi, ne te précipite pas à traduire les paroles qu'émettent la bouche d'un homme. Mais regarde plutôt, à ce qui remplit son cœur. Ainsi, tu sauras ce qu'il voulait dire. Et pourra mieux agir.

12-Une balle de golf, n'est jamais déformée à chaque coup. Il n'en est pas de même pour le cœur de l'homme.

13-Le premier pas de la défaite, dans la vie d'un homme, se situe dans sa pensée.

14-La pensée est lieu où se dessine, des victoires. Et le cœur est le lieu des prises de décisions.

15-Le pouvoir n'est pas, une menace. Mais, le cœur lui peut l'être.

16-Un menteur affirme avec véhémence, son mensonge, pour mettre sur les lèvres de l'innocent quelques paroles compromettante ; fautes celui-ci, de n'avoir pas su digérer la pression.

17-Le tourment dans le cœur, est la preuve de la présence d'un ennemi tapis dans l'ombre.

18-Faire une doctrine, autour d'un homme, c'est avoir déjà le cœur et, le pied en Enfer.

19-Un serviteur de Dieu est un homme au service de Dieu. Un homme de Dieu est un homme selon le cœur de Dieu.

20-Ce n'est pas la multitude de pensées qui influence le cœur. Mais, c'est ce dont le cœur a cru qui, l'influence.

21-Un amour volé, est poison dans le cœur. Un tourment qui dans le cœur n'accorde, ni repos, ni paix aux deux parties. Le mieux est que Jésus intervienne, rapidement pour sauver et délivrer.

22-Il est difficile de souvent remarquer, la présence fidèle d'un Ami qui nous accompagne en toutes circonstances. Et nous cherchons généralement le réconfort, auprès de celui, qui n'a pas du temps à nous accorder. Hélas pour nous ! Blessant par-là, celui dont le Saint-Esprit à incliner le cœur en notre faveur.

23-L'importance dans le cœur de l'homme, ne dépend pas du nombre de services rendus. Mais du fait, qu'il considère que vous avez toujours été là pour lui. Sans quoi, vous n'aurez que chagrin à vouloir, vous attendre à lui.

Quel conseil alors vous donnez ? Les hommes on les aime, on les aide, on ne s'y attache pas. Mais, on s'attache à Jésus. Alors vous n'aurez aucun mal, à vivre dans la solitude.

24-Je crois que dans la plupart des cas, nous souffrons ainsi, du fait de n'avoir pas expérimenté la communion du Saint-Esprit.

25-Un homme réservé est un homme qui ne trouve pas de confident ; des personnes qui lui ressemblent. Sitôt il a trouvé une personne qui lui ressemble, qu'il devient bavard et ouvert. Si bien que ce qui l'ont connu disent : lui aussi peut se lâcher ainsi ?

Patience

1-Souvent un bien-aimé de Jésus, peut se proposer de faire une chose. Et, les évènements lui en imposer autres choses. Mais, dans Son amour le Père céleste dispose, toutes choses pour l'aider à revenir sur le chemin.

2-Le retard n'est pas toujours, preuve d'infidélité. Mais, la conséquence d'une cause qui a produit cet effet.

3-Mais au fait c'est quoi la patience ?

La patience est le fait d'attendre, de demeurer dans cette position d'attente aussi longtemps que Jésus ne soit pas encore intervenu.

Car, l'impatience emmène à des voies détournées. Qui elles sont contraires, à la Volonté du Père de notre Seigneur Jésus-Christ.

4-Prendre le soin d'écouter, le discours rapporté d'un homme, c'est évité que la situation ne se dégrade d'avantage.

5-La patience dans la foi, est la preuve que, je dépends uniquement et seulement de Jésus, quoi qu'il arrive ou advienne.

6-L'impatience dans la foi, est la preuve que je compte sur autre chose ou d'autres relations que Jésus

7-Dans la vie, il y a des choses qui doivent se faire et qui sont dépendante de notre volonté. D'autres le sont moins. C'est justement, dans ce cas que l'on parle de patience. Patienter !

Reconnaissance

1-Si vous voyez un homme habile dans son ouvrage, c'est qu'il se tient auprès des grands.

Mais, c'est à Salomon ça ! Oui, c'est vrai ! Mais, il y a une leçon derrière. Nous nous référons dans la vie à ceux qui nous inspirent positivement, pour nous rapprocher du Seigneur. Et non pas à ceux qui nous détruisent par leurs inspirations démoniaques.

2-Si en temps de malheur, tu notes toujours la présence fidèle d'une connaissance, alors c'est vraiment une amie.

3-Le parapluie est cet ami, important que l'on oublie en tant de paix. Sitôt la pluie tombe que l'on se rend compte, malheureusement que nous l'avons effacé de notre pensée et calepin.

4-La grâce ne signifie pas, vivre dans le péché. Mais plutôt, vivre dans la reconnaissance.

5-Le remerciement est le premier pas de la reconnaissance. Mais, le deuxième pas est d'en faire bon escient de la grâce qui nous est accordée.

6-Je loue le Seigneur Jésus, et Lui rend grâce, d'avoir mis sur la route de ma croissance Terry Macalmon. Il a été le modèle qu'IL a voulu pour moi ; non pas un simple serviteur, mais son ami. Un véritable adorateur.

7-Je loue le Seigneur Jésus, et Lui rend grâce, d'avoir mis sur la route de ma croissance, le groupe Hillsong. Il a été le canal par lequel, j'ai développé par la grâce de Dieu la passion et la dévotion pour Jésus.

8-Je loue le Seigneur Jésus, et Lui rend grâce, d'avoir mis sur la route de ma croissance, le Pasteur Yvan Castanou, qui a été un motivateur en temps de combats. Par lequel, j'ai été puissamment fortifié par le Saint-Esprit.

9-Je loue le Seigneur Jésus, et Lui rend grâce, d'avoir mis sur la route de ma croissance, le Pasteur Eba Gaèl Gatse, pour avoir ravivé la crainte du Nom du Seigneur en période sombre, de ma vie.

10-Je loue le Seigneur Jésus, et Lui rend grâce, de m'avoir envoyé sur la Terre au-travers e mon père géniteur, au-delà de son caractère Aboe Mba Paul. Et de ma mère Nyingone Mariane. Tout cela, pour dire que nous avons tous une origine dans le Seigneur au-delà, de la manifestation de la grâce dans nos vies. Et avons été au bénéfice, de Sa grâce par le biais d'autres ministres de Jésus.

11-Rendre la gloire au Seigneur Jésus-Christ, c'est avancé d'un pas assuré et rassuré.

12-C'est la grâce de Dieu ; c'est l'action de Dieu.

Maîtrise de Soi

1-C'est quoi, la maîtrise de soi, si ce n'est la maîtrise de ses accès de colère ?

2-La maîtrise de soi est à n'en point douter, la preuve que nous avons plus de valeur à nos yeux, devant les propos libérés par cet insensé.

3-Il est préférable de se taire lorsque certaines critiques se lèvent contre vous, pour vous focaliser sur ce que Jésus vous demande.

4-Ferme les oreilles, aux critiques, aux calomnies et avance. Ne t'y intéresse pas. Elle déconcentre et ramènent la personne qui s'y intéresse dans la chair.

5-Derrière l'obsession, se cache la perte de repère, puis la mort.

6-Un grand sait comprendre, le niveau d'intelligence et de compréhension de son prochain pour ne pas trouver sujet à faire des problèmes. Soyez en paix avec tous. Pourvu que la paix, dépende de vous.

Blessures

1-Les hommes on les aime. On ne s'y attache pas. Mais, on s'attache à Jésus. Et, on est sûr de ne pas être abattu par les trahisons.

2-L'indifférence, signifie que l'on a perdu toutes motivations, à vouloir changer ou s'accrocher à quelque chose. Mais dans certains cas, y recourir peut être, un gain pour le concerner.

3-L'indifférence est le repli de l'âme sur elle-même qui, refuse de souffrir pour des raisons qui ne lui font que du mal. Et pouvoir se concentrer sur, celles qui en valent la peine.

4-Celui qui veut Me suivre qu'il, porte sa croix.

Promesse

1-Moi Jésus, Je donnerai le pain à ta maison pour toujours. Afin que tu sois un signe, pour ceux qui refuseront de croire à ton message.

2-Moi Jésus, Je ne change pas. Je demeure Le même. Et, J'ai déclaré que tu es Mon serviteur pour toujours.

3-Le Seigneur a publié le décret et jamais, IL ne se repentira : Tu es Mon fils pour toujours.

4-Jésus a fait le serment, IL accomplira Ses promesses envers moi. Merci Jésus !

5-Certaines fois, lorsque le Seigneur Jésus vous fait une promesse, ne vous hâtez pas, de dire, amen. Mais, merci. Car, merci signifie que vous la recevez avec foi. Et cela, vous est accordé comme si, vous aviez déjà eu à remplir les conditions adéquates pour les vivre. Tandis que, amen signifie qu'il y a dans certains cas un effort, personnel à faire pour le vivre.

6-Attendre l'accomplissement d'une promesse peut souvent prendre, beaucoup plus de temps, qu'on l'aurait souhaité. Et dans, cette attente la moindre chose serait de se réjouir, de ce que nos yeux trouvent de banals (petits), mais que Jésus nous accorde par Sa grâce.

7-Jésus est fidèle. Il sait tenir promesse.

8-La réalisation d'une promesse fait intervenir, plusieurs facteurs extérieurs au temps des hommes. Lorsque ces facteurs sont correctement agencés, la Sainte Bible nous déclare alors que : L'Eternel Dieu, se souvint de Sa promesse. C'est à ce moment que tout change, dans la vie du concerné.

9-Daniel, même si, tu devais tomber, Je ne t'abandonnerai jamais. Je te relèverai pour la vie éternelle. Parole de Jésus.

10-Parce que tu n'as que peu de force, et que tu n'as pas renié mon Nom, Je te garderai devant la tribulation qui doit arriver sur les habitants du pays, toi et ta famille. J'ai mis devant toi, une porte que personne ne pourra fermer.

Envie

1-L'envie est le fait de vouloir absolument posséder ce qui appartient à l'autre. De se voir, comme celui pour qui la chose irait le mieux.

2-Le ministère du Seigneur Jésus est l'exemple même du ministère par excellence. Il a toujours aidé ou rendu service aux hommes de la part du Père, sans exiger d'eux une quelconque rémunération à chaque service rendu.

3-Il ne faut pas confondre, dîmes et offrandes avec l'escroquerie que font plusieurs, faux serviteurs en exigeant du peuple une somme moyennant leur ministère.

Si vous avez des manquements financiers, demander plutôt, à la personne si elle peut vous aider. Au lieu que le Nom du Seigneur Jésus soit blasphémé ; à cause de votre vol.

S'il y a lieu, laissez le Saint-Esprit inspirer à la personne de vous faire une offrande volontaire, en reconnaissance du ministère que vous avez fait en sa faveur.

Les disciples après leur passage, en ont fait autant. Nulle part, il est fait mention qu'ils ont exigés de l'argent moyennant, le service de leur ministère.

Mode

1-La mode montre l'évolution morale de la société.

2-La mode est le dessein que se fait un homme ; de ce à quoi, doit ressembler les hommes et les femmes de notre temps.

3-La mode débute par un style qui lui nait d'une inspiration.

4-Le style est le touché particulier, dans le dessin. Le toucher qui fait du dessin quelque chose d'unique.

5-La mode est le fait que le style soit répandu à un grand nombre d'hommes, femmes et enfants.

6-Le style repose sur le cœur de celui qui, l'imagine. Sinon le reçoit par inspiration.

7-Le style révèle le niveau moral, du styliste qui l'imagine ; de l'esprit qui le lui inspire.

8-Le style influence, les comportements et les caractères. Il façonne les mentalités des nations.

9-Tous s'identifient au style. Puisqu'ils s'identifient au style cela devient à la mode. Cette influence du style, n'est possible que par l'esprit inspirant ce style.

Pour nous enfants de Dieu, serviteurs de Jésus nous avons notre mot à dire dans ce domaine, par le Saint-Esprit.

Cadeau

1-Un cadeau reflète le cœur, de celui qui l'offre. Si ce dernier est plein de méchanceté, il sera une porte ouverte au trouble dans votre vie. Tandis que, si ce dernier est plein de bienveillance, il vous procurera la paix.

2-Ne sautez pas à pieds joints, devant toutes personnes qui désirent vous offrir des présents. Un bon conseil, laisser Jésus vous rendre témoignage du cœur de cette personne.

3-Les gens simples offrent des cadeaux par bienveillance.

4-Le cadeau du méchant est le fruit, d'un calcul minutieux. Il sait d'avance ce qu'il vous a soutiré, avant de vous l'offrir.

5-Un cadeau s'offre par amour. Un présent sert à honorer. Mais, ce qu'offre le méchant est pour causer votre destruction.

6-Le cadeau n'a que trop peu, de valeur matériel. Son but est de favorisé de bonne relation, en accord la volonté de Jésus.

Pourquoi alors, le méchant en offre ? Il ne devrait pas alors en offrir.

MARIAGE

- ✓ Mari
- ✓ Femme
- ✓ Prostitué
- ✓ Enfant

Mariage

1-D'aucuns disent, que Dieu ne choisit plus les femmes de Ses serviteurs, comme se fût le cas d'Adam. Et qu'IL aurait laissé, la pleine liberté à Ses serviteurs de le faire.

Moi, je dis que c'est à cause de la dureté de leurs cœurs. Car, au commencement, il n'en était pas ainsi.

2-Le dialogue empêche Satan, de pénétrer les cœurs. Et dans un couple, il est de mise.

3-La beauté n'est pas l'aspect du corps. Mais l'éclat, de l'esprit humain qui habite ce corps.

4-Dans le jardin d'Eden, Adam et Eve étaient tous deux nus, et ils n'en avaient point honte. Sitôt, le serpent s'est mis/ajouté au milieu d'eux, qu'ils ont commencé à cacher l'un à l'autre, leur nudité. Et finir, par s'accuser, réciproquement.

La présence du serpent au milieu d'un couple, est très dangereuse. Elle est cause de prise de distance, entre les deux partenaires. Et ne permet de voir, que les défauts du conjoint, et non ses qualités.

5-Le Seigneur a fait l'homme, et lui a amené une femme. C'est pourquoi, l'homme quittera son père et sa mère, et s'attachera à sa femme.

6-L'apparence est l'impression que je donne à première vue à mon prochain.

Dans le choix du futur conjoint que le Père veut pour toi, ne regarde jamais à l'apparence. Mais, attache-toi à la parole ou promesse qu'IL t'a faîte.

7-Jésus n'avait rien, pour plaire au regard. Cependant, IL est L'auteur d'un salut éternel. De même, ton/ta futur(e) conjoint (e) n'a peut-être rien qui puissent attirer ton regard. Pourtant, c'est par lui/elle que Jésus te fera jouir du bonheur sur la Terre.

8-Pour Samson, Dalila était un trouble. Il l'aimait. Et elle, tourmentait son âme par ses paroles ; du fait que derrière elle se cachaient plusieurs qui désiraient sa chute. Et lui lançait des sorts à chacune de leur rencontre ; dans le but de l'enterrer. Fait attention au choix de ton partenaire, en vue de ton mariage !

9-Seul Jésus célèbre, le mariage de Ses serviteurs et servantes. Tout mariage d'ordre mystique, établi dans le monde invisible, par qui que ce soit ne sera jamais tenu comme tel par le Ciel. Et donc, sera brisé.

10-Un amour tiré sur l'enchantement ? O qu'il soit vite détruit ! De peur que la victime, ne soit prisonnière de Satan et de ses démons. Pitié pas ça !

11-O ! Voici les futurs mariés. Et ils sont tous joyeux. Car, le Saint-Esprit les a fait entrer dans l'arène des grands.

12-Pour honorer les mariés les gens viennent de partout. Et les mariés comprennent à la présence de la foule, l'importance qui leur est accordée dans le cœur de leurs parents, amis et connaissances.

13-Et les ex, alors ? Ils font partie du passé. Car, le Seigneur Jésus a publié le décret : que personne ne sépare ce que Dieu a uni.

14-Dans un couple, la question de l'obéissance doit être résolu, avant que l'homme n'exige de sa femme une parfaite obéissance. Il devrait plutôt savoir ce que c'est.

15-L'obéissance, si non obéir, suppose que je fais ce qui est juste devant la situation. Toute autre chose, ne serait que manipulation et abus de position d'autorité.

Mari

1-Le cœur du roi n'aime pas les femmes. Le cœur du roi aime la reine ; sa femme. Mais, il ne l'aime pas plus que Jésus, son Seigneur.

2-Par amour pour l'homme le Seigneur Jésus est toujours prêt, à l'aider. De même, par amour pour sa femme l'homme doit toujours être prêt à l'aider.

3-Alors c'est quoi l'amour ? Et bien ! L'amour est cet effort constant qui nous pousse à toujours faire du bien à notre prochain ; à l'aider à toujours progresser de l'avant en restant conforme à la volonté du Seigneur Jésus.

4-A la question de savoir ce qu'est l'obéissance, beaucoup ne sachant ce que c'est, en font un prétexte pour imposer des points de vus qui ne cadrent point avec la volonté du Père.

5-Le repère s'impose avant d'avoir à parler d'obéissance. Car obéir signifie, être en accord avec Jésus.

6-Ne manquez pas vos promesses devant une femme, elle finira par croire que vous êtes un menteur. Et ne vous accordera, plus de crédit.

7-Un amour véritable est une force en action, qui permet d'accomplir des choses incroyables, voire impossible.

8-L'homme est une direction, pour la femme.

9-Qui peut être la femme d'un homme sage ? Une femme sage, connu de Jésus.

10-Un bêtisier, une bêtisière. Un cancre, une cancre. Un fou, une folle. Un sage, une sage.

11-Une chose est valeureuse à nos yeux, lorsqu'elle nous manque. Et en être privé, certaines fois de certaine personne nous amène à reconsidérer notre attitude vis-à-vis d'elle.

12-Pensez-vous qu'une femme soit si naïve, pour ne pas savoir qu'elle est appréciée d'un homme ?

Regardez seulement à l'attitude de cette femme, pour savoir qu'elle est sa réponse. Sitôt, elle vous aime qu'elle veuille vous garder tout près d'elle. Sinon, elle a vite fait de vous éloigner de sa compagnie.

13-La femme est un chantier confié à l'homme, par le Seigneur Jésus-Christ.

14-La beauté d'un édifice, se fait remarquer sur la maquette et sur ses finitions.

Il en est de même pour ton épouse, sa beauté apparait au cours du projet de mariage. Et disparait, au début du mariage. Pour réapparaitre sitôt, la maturité a pris le dessus sur la chair.

15- Le cœur de la femme est très cachetier. Il est rempli de plusieurs choses que cette dernière dissimule très souvent.

16-Il ne suffit pas de s'unir à une fille, par l'acte de mariage pour dire qu'il vient de Jésus. Et pour preuve, Lui-même de dire : Que personne ne sépare ce que Dieu à unit. Comme pour nous rappeler que les hommes ont leur choix et Dieu Lui aussi, a le Sien. Il est donc, interdit à quiconque de s'immiscer, de vouloir séparer ce qu'IL a préparé de toute éternité.

17-La toiletterie de la femme, pierre précieuse, bijoux, parfum, coiffure ont un but : attiré l'attention de son homme vers elle et, non pas vers une autre.

Femme

1-L'amour dans un couple, est une sécurité pour la femme.

2-Une fille une calculatrice. Une femme, un don du Seigneur.

3-La beauté de l'homme, est de se voir petit devant, Jésus son Seigneur.

4-La valeur d'une femme à ses yeux, résulte du fait qu'un homme ou des hommes désirent l'épouser. Sitôt, ces prétendants s'éloignent d'elle, qu'à ses yeux elle semble avoir perdu cette valeur.

Car dit-elle : Pourquoi ne s'intéressent-ils plus à moi comme autrefois ? A-t-il trouvé une autre qui soit plus belle que moi ?

Et, elle se remet en cause pour à nouveau, le reconquérir. En s'appliquant à éviter de le blesser par ses paroles et gestes.

5-Pour une femme, il est difficile de dire chérie que veux-tu, que l'on fasse de l'argent que je gagne ? Pourtant, les deux sont sensés devenir une seule chaire. Savez-vous pourquoi ?

Car, il y a une malédiction qui pèse sur la femme, selon laquelle, l'homme doit dominer sur elle. Et pour faire respecter cela, elle agit comme telle. Et non, comme une partenaire. Mais, il n'en était pas ainsi au commencement.

6-La femme est une puissance à côté de l'homme. Une puissante motivatrice.

7-Une femme qui a plein de sujets de conversations à partager avec son mari, signifie qu'elle est pleinement amoureuse de lui.

8-La femme charnelle voudra toujours, assurer ses arrières par le matériel et le confort financier, avant de répondre favorablement à une demande en mariage.

Mais, elle peut toutefois, en être délivrée par une communion avec le Saint-Esprit.

9-Pour une femme, proposer vaut mieux qu'imposer. Surtout, si elle a en face d'elle un mari qui n'a pas, le sens de la Sagesse. Et qui ne sait pas décoder, les messages que peut transmettre, le Saint-Esprit par les états émotionnels de sa femme.

10-S'il y a une femme, c'est qu'il y a un homme pour la marier.

11-Le mariage donne le droit à un homme, d'être le chef de sa femme ; tant sur le plan spirituel que physique. Donc, décider des orientations qu'elle doit prendre.

Heureusement, que Dieu avait vu d'avance la ruse de certains hommes, pour délivrer la femme, en lui donnant le plus grand des commandements.

12-Le rapport sexuel, scelle le droit de l'homme sur la femme. Désormais celui-ci est son chef, devant Dieu et la Création entière.

Prostitué

1-Pour une fille, l'objet de son orgueil est son corps. Car, dit-elle, les garçons n'ont d'yeux que pour moi.

C'est pourquoi, elle est vite rattraper avec le temps, lorsqu'il lui faut rentrer dans un foyer ; mariage. C'est qu'elle a développé une mentalité de prostituée. Et, non d'une femme.

2-Le péché du sexe est un accélérateur satanique, de destruction de vie. Une seule fois, est suffisante pour ruiner trente ans voire quatre-vingt-quinze ans de sanctification.

3-Le sexe de la prostituée est un sépulcre ouvert. Celui qui s'y réfugie est déjà mort.

4-A coucher avec une prostituée, on perd plus qu'on y gagne. On détruit tant d'année de fidélité au Seigneur jésus. Et ce que l'on gagne, c'est d'être parvenu à devenir ennemi de Dieu.

Enfant

1-Lancer un nouveau converti, de quelques mois, voire trois ans dans les responsabilités ministérielles, au lieu qu'il soit sous la tutelle d'un responsable, c'est favorisé son déclin. Et Satan ne se fera pas prier pour le pousser à la faute. Car, il n'a pas l'expérience d'une vie juste.

2-Satan éteint beaucoup de destinés, par la précipitation au ministère. Tout nouveau converti, doit être sous la tutelle des anciens.

3-Pour un homme un charnel, le Saint-Esprit fera tout, sans sa participation à conserver son salut, et réussir dans la vie.

4-N'épargne pas la fessé à l'enfant. Beaucoup de société la refuse. Et s'en trouve mal. Car, le nombre de bandit augmente de ce fait.

5-Un héritage, n'est pas toujours agréable à posséder. Surtout, lorsqu'on sait de qui on le tient.

6-Il est un héritage qui soit des plus agréables à posséder. Et c'est avec fierté que nous nous pressons, à signer toutes les modalités qu'il nous faut signer, pour en hériter.

7-Pourquoi hériter ? Réponse pour perpétuer et amener de l'avant l'œuvre de notre illustre prédécesseur.

8-Les hommes maximisent sur l'éducation des enfants, en regardant aux réalités naturelles. Mais oubliant que ce monde naturel est régi par le monde spirituel.

9-Dans une famille, même le fils de l'esclave est important, pourvu que l'on s'en rende compte. Sitôt, il est partit, sitôt, il n'y a plus d'esclave prêt à tout faire. Plus vite, on comprend que nous étions méchants envers lui. Car, nous nous trouvons incapable, de comblés ce manque.

10-Le danger pour le fils du Roi est de penser que, tout lui appartient. Et par conséquent, il peut s'éviter toute peine.

11-Le roi est prêt à déranger le fils de l'esclave, en tout temps. Mais, ses enfants, il les traite avec bien des égards. Oubliant que, la couronne n'est assurée que par, la qualité des valeurs qu'il transmet à ses enfants.

12-Des dérapages ? On les met sur le compte de la jeunesse. Cependant, c'est bien au cours de cet âge, que la mentalité de l'homme est forgée.

13-Un mauvais roi est trop passif vis-à-vis de l'éducation de ses enfants. Pour lui, ils sont jeunes et peuvent se permettre tous types d'impairs.

14-Pour le roi, il suffirait d'avoir un fils à son image. Aimant le travail, le sens de l'honneur et le goût de l'effort et de l'aide. Pour assurer, la pérennisation de son nom.

15-Le fils d'un mauvais roi, peut se permettre de dormir par habitude, jusqu'à la mi-journée.

16-Mais le fils de l'étranger c'est que la réussite passe nécessairement, par des efforts continus. Au risque de se priver, s'il le faut de plusieurs nuits de sommeils.

17-Pour vivre dans la maison du roi, le fils de l'étranger se doit être exemplaire dans sa tenue. C'est normal, dans le cœur du roi, il est fils d'étranger.

18-Quelle est le privilège du fils, de l'étranger ? C'est d'avoir compris le sens de la vie ; la voie de la réussite au-travers de ses souffrances. Pour moi, je dis gloire à Jésus pour tout cela !

19-Le fils du roi jalouse, le fils de l'étranger du fait de la réussite de ce dernier. Mais c'est que, le fils du roi a oublié de travailler. Car, je crois que ce n'est que cela, que fait le fils de l'étranger.

20-Si un fils présente, des capacités supérieures à celles de son père, c'est que le Ciel, n'a pas trouvé son intérêt à donner de telles capacités à son père. C'est sa grâce à lui !

21-Les fils de l'étranger, n'hériteront pas au milieu des fils légitimes.

22-Si le fils de l'étranger hérite, au milieu des enfants légitimes, c'est que l'enfantillage de ses enfants, à amener leur père à en décider autrement. De peur, que tout une vie de labeur ne soit détruite en un clin d'œil, par un enfant insensé.

23-La correction ne vise pas à tuer l'enfant. Mais, à changer une attitude qui, si elle venait à devenir un caractère deviendrait, un mal pour la famille et la société.

24-D'un enfant en esprit, on ne peut pas attendre grand-chose, si ce n'est qu'il reçoive l'instruction. Pour devenir mature, et parvenir à accomplir avec fidélité tout ce à quoi, il a été appelé.

25-Qu'elle différence peut-on faire entre un adulte et un enfant ?

Les adultes se réalisent et les enfants sont dans la distraction, s'occupant plus à satisfaire leurs cinq sens. Plutôt qu'à accomplir la volonté de notre Seigneur Jésus.

26-Nourrir, un enfant est une chose. Eduquer, un enfant en est une autre. Ne confondez pas les deux ; de peur d'avoir à le regretté dans un futur proche.

27-Enfants obéissez à vos parents, selon le Seigneur, car cela est Juste.

GUERRE SPIRITUELLE

- ✓ Opposition
- ✓ Esclave
- ✓ Punition
- ✓ Puissance
- ✓ Diarrhée

Opposition

1-Le combat spirituel fait, avec intelligence sort des pièges de l'ennemi.

2-Si rien ne marche dans vos vies, sachez qu'il vous reste un espoir votre bouche. Pour proclamer, déclarer et décréter la Parole, sur votre propre vie. Car, rappelez-vous, s'il est permis à Satan de détruire certaines choses dans ce monde. Il n'a cependant pas, autorité sur le Seigneur Jésus, donc sur la Parole.

3-Une vis semble-t-il, a eu à sauter de la tête de cet homme. Ah bon ?! Oui, il a oublié que l'on ne défie jamais Dieu. Que le Créateur est et reste, le Créateur. Et que la créature reste, et est la créature. Saul, Saul pourquoi Me persécutes-tu ?

4-Attendez ! Mais, c'est Satan que fait-il ? Il fuit.

5-Il n'y a pas plus grand nom que le Nom de Jésus. Il n'y a pas plus grand que Jésus dans toute la Création, sauf évidemment le Père.

6-Non ! Mais c'est la vérité certaines fois, tout ne change qu'après la mort de certains de nos ennemis.

Mais de quel ennemi, parles-tu ? De tous ceux dont Jésus ne trouve plus l'intérêt de les laisser sur la Terre. Quand cesseras-tu de pleurer sur Saül ? Je l'ai rejeté afin qu'il ne règne plus sur Israël ?

7-Un jour un inconnu m'a dit : pauvre type ! Nous sommes peut-être des insensés, mais on va te faire tomber. Mais, j'ai compris qu'il était dans la dure. C'était un ennemi invisible. Le pauvre ! Je ne sais pas ce qu'il fait contre moi. Mais, je sais que c'est le début de ses ennuis. Ah de leurs ennuis ! Etant donné qu'il a parlé, au nom de son groupe.

8-Nul ne règne, sans avoir appris à se défendre ou à attaquer spirituellement.

9-Je retiens, j'ai rencontré un jour l'ange de la mort, j'ai pu observer qu'il y avait en lui absence de vie.

10-Chaque monde a ses lois et principes. Mais, le Royaumes des Cieux demeure éternellement.

11-C'est le Jubilé ! Car, le Saint d'Israël restaure toutes choses dans la vie de son oint.

12-Cieux exécuter la sentence : Mort sur tous les ennemis.

13-Pour certaines personnes, le temps ne suffit pas à les faire sortir des ténèbres. Seul le bras étendu, à force déployer du Seigneur Jésus, peut y arriver.

14-Ne pas se lever aujourd'hui devant, l'adversité qui se dresse devant nous, c'est choisir que la vie, soit une punition demain.

15-La souris et l'éléphant ont peur, l'un de l'autre. Pourtant, le rapport de force est déséquilibré ; l'un d'un coup peut faire disparaitre son ennemi. Et l'autre, se faufiler rapidement et d'éviter l'affrontement.

16-Et oui, la sagesse peut nous éviter des affrontements inutiles !

17-Ne te lance pas dans la bataille sans connaitre tes forces et faiblesses. Ton adversaire pourrait triompher de toi, par l'absence de cette information.

18-La gloire d'un héros de guerre, est d'avoir une histoire à raconter à la génération suivante. Et, celle de ses amis de guerre, est d'avoir été, à ses côté pour faire partie, eux aussi de cette histoire. C'est pourquoi, je dirai sans cesse à la génération suivante, les exploits de l'Eternel des armées dans ma vie.

19-Une autorité spirituelle, est une personne qui par sa présence influence, selon la volonté de Jésus, la vie des peuples, ou d'une région.

20-Certains milieu n'admettent pas, les faibles en esprits ; c'est-à-dire non exercés à la guerre ou au combat spirituel.

21-Si vous régnez, c'est que vous êtes dans la victoire. Car le règne n'est possible qu'après, avoir livré plusieurs batailles ou guerres spirituelles. Et d'en être sorti, vainqueur de tous vos ennemis.

26-C'est dans le règne (votre règne) que, tout ce que vous faîtes, vous réussit.

27-Tout problème a une base spirituelle. Et sa résolution demande une intervention spirituelle. Car, ce qui est né de la chair est chair. Et ce qui est né de l'Esprit est esprit et vie.

28-On n'apprend pas le combat spirituel, au sommet. On nait et grandit, dans le combat spirituel. C'est ce qui explique que, dans les grandes batailles de l'Eternel des armées, on reste stable, imperturbable dans le ministère. Et ce même, après de longues années dans la foi.

29-Ne t'effraie pas, devant les différents combats que tu rencontres. C'est en réalité, proportionnel au niveau de grâces que tu as reçu. Et de l'influence que tu as, sur le plan spirituel.

30-Un bon chrétien, se fiera toujours à ce que pensera son prochain. Un fils du Royaume des Cieux considérera le point de vue de Jésus.

Esclave

1-La serpière ne sert qu'à nettoyer les endroits sales. Et non pas, à être utilisée comme torchons pour le service du dîner. Ainsi, en est-il de l'esclave dans la pensée, de celui qui le martyrise.

2-L'esclavagisme spirituel, serait d'être prêt à dépenser des sommes énormes pour les autres. Et nous refuser à nous même, ne serait-ce que le dixième de ce que nous leur donnons, et ce tout le temps.

3-L'esclave n'a dans sa tête, que sa tâche quotidienne à accomplir. Dès lors, il commence à entrevoir autre chose, que cette tâche, c'est que sa liberté pointe à sa porte.

4-Celui qui n'espère plus rien de la vie, s'accroche à sa mentalité d'esclave. Celui qui espère encore en la Vie, laisse Jésus agir encore, dans sa vie.

Punition

1-Un récidiviste accepte pleinement, ce qui peut lui arriver à ses autres coups.

2-L'invisible retient beaucoup de secret, que les yeux des hommes ne peuvent voir.

3-Il y a beaucoup d'hommes qui font du tort à d'autres, dans les sphères invisibles. Et ces derniers expérimentent, des choses dues à la méchanceté de ces hommes.

4-Il y a des choses qui m'enragent. Savez-vous quoi ? C'est de voir les fils des ténèbres, ainsi que leur père considérer le peuple de Dieu comme leur repas.

Ah ! Heureusement que cela s'arrête avec nous, la génération qui mettra fin à ce désordre dans nos famille.

5-Je n'ai nullement vu, ni lu, dans la Sainte Bible, un citoyen du Royaume des Cieux être le repas d'un démon. Et moi, je ne le serai jamais.

6-Celui dont on ne pouvait imaginer, est devenu un instrument de guerre entre les mains du Seigneur de l'Univers. Et, avec quelle agilité, il met en déroute tout le camp ennemi !

7-Un vaillant Guerrier s'est levé dans la nation. Et, il passe en revue toutes ses troupes, et la victoire lui a été donnée.

Qui est ce vaillant Guerrier qui combat au côté des saints ? Son Nom est l'Eternel des armées, fort dans les combats.

8-C'est avec raison que le Seigneur Jésus, ait eu à ordonné à Son peuple, que l'on ne puisse pas trouver de devins, magiciens, astrologues, diseurs de bonnes aventures etc... Car, les dégâts que ces personnes causent, ont des répercussions dont elles-mêmes n'ont pas idées.

9-L'autorité du policier réside sur le fait qu'il ait été établi dans sa charge. Mais aussi, qu'il possède une arme, pour imposer lorsque nécessaire, l'ordre. Il peut donc, avoir a tué parfois tout en rendant compte à sa hiérarchie, des motifs qui l'ont conduit à agir ainsi.

10-Pour un bon chrétien, le regard du prochain est important. Pour un fils du Royaume des Cieux, considérer le monde spirituel est, essentiel.

Cherchez premièrement, le Royaume des Cieux et Sa justice. Et le reste, vous sera donné par-dessus.

Puissance

1-La puissance, la grandeur, la gloire pourquoi faire ?

Laisse le Seigneur Jésus, t'y introduire par l'aide et l'action du Saint-Esprit. Alors tu sauras qu'IL aura toujours soin de toi. Car, Satan n'a nullement peur des hommes, manifestant la puissance du Saint-Esprit.

2-A Jésus seul, Mon seul Maître, Seigneur et Dieu soit toute la gloire, l'honneur, la puissance et la majesté aux siècles des siècles. Amen !

3-Le manteau divin est la distinction, du Seigneur Jésus sur votre vie. Par lui, les hommes peuvent vous honorer ou vous haïrent. Car, il symbolise l'autorité et la puissance divine du Saint-Esprit, mis à la disposition d'un homme, pour servir les intérêts du Royaume des Cieux : de Jésus notre Seigneur. Amen !

4-La puissance est la qualité des armes mises, à la disposition d'une armée, pour obtenir des résultats favorables. Et, s'assurer toujours la domination sur le reste des peuples.

Diarrhée

1-La diarrhée nous apprend ceci, quand vient le temps de la délivrance, l'oppression que subit l'ennemi est telle, qu'il ne peut la contenir.

2-Lorsque la diarrhée a dit qu'elle sort, elle sortira toujours, avec ou sans du geôlier qui la retient captive.

3-La diarrhée est une guerrière acharnée qui, ne s'arrête que lorsqu'elle est sortie de sa prison. Et, avec tous ce dont elle possède. Incroyable diarrhée !

4-La diarrhée gagne toujours, devant n'importe quel adversaire.

5-Personne ne vaut la diarrhée, en matière de guerre. Même, le président de la République lui est soumis.

6-La diarrhée ne demande jamais l'avis, de son/sa geôlièr(e) pour sortir de sa prison. Lorsqu'elle estime en avoir assez de cet état de prisonnière, elle proclame, déclare, décrète au geôlier elle-même, sa sortie de prison. Qu'il le veuille ou pas. Sacré diarrhée !

7-La diarrhée obtient, toujours ce qu'elle veut sa délivrance, et sa liberté.

8-La diarrhée sera toujours vainqueur, quelque soit, les temps, les saisons, les générations, les siècles, les millénaires sur ses ennemis. Disons qu'elle le tient, de son Créateur, l'Eternel des armées fort dans les combats. Sacré diarrhée, tu as l'art du combat spirituel !

9-La diarrhée est un ennemi impitoyable. Sitôt, on pense l'avoir dompté qu'elle par contre redouble d'énergie, pour reprendre la guerre à une intensité supérieure à la précédente. Sacré diarrhée !

10-Plus le combat s'intensifie, plus la diarrhée a de l'avantage sur ces ennemis.

11-La diarrhée montre à tous ses adversaires, leur faiblesse devant elle. Elle fait toujours, céder les lignes ennemies. Sacré diarrhée !

12-La diarrhée utilise toujours ses armes, et ses armes sont toutes puissantes pour renverser les forteresses qui s'opposent à sa liberté. Sacré diarrhée !

13-Pour la diarrhée le nombre d'ennemis, importe peu. Car, elle les fait, et les fera toujours tous capituler. Sacré diarrhée !

14-La stratégie de combat de la diarrhée a toujours été simple : seul, le noyau qui la séquestre doit exploser. Les autres ne peuvent rien lui faire, sitôt, elle est dégagée de ce noyau. Sacré diarrhée, tu as l'art du combat spirituel !

15-La diarrhée aime la liberté, c'est pourquoi, elle n'acceptera jamais de joug étranger sur elle. C'est ainsi, que l'Eternel Dieu l'a créée.

16-La diarrhée, ne se soumet à personnes d'autres, que son Créateur.

17-Sitôt, la diarrhée a parlé et qu'elle ait à faire au roi, ministre, au plus riche du monde, elle attend obéissance. De peur de les livrer publiquement en spectacle. Et là, leur honte ne sera que grande, voire très grande.

18-On a posé la question à la Diarrhée, depuis que Tu existes as-Tu déjà rencontré quelqu'un qui T'ai vaincu ? Non, et Je n'en cherche même plus. Car, cela n'arrivera jamais.

19-Même la ruse du serpent, ne peut rien contre la diarrhée.

20-Au cours d'un rassemblement de plusieurs combattants, chacun a commencé à vanter ses mérites. L'enchantement, tantôt je gagne, tantôt je perds, cela dépend de l'ennemi que j'affronte. La magie, je fais beaucoup de choses qui séduisent les hommes. Mais, sur certains, j'ai mes limites. La pauvreté, je m'efforce à faire de mon mieux pour que ma renommée soit établie sur tous les hommes. Mais, je vous assure. Je vous laisse imaginer… La mort avant, j'avais un succès max. Mais hélas ! J'ai plus les clefs du séjour des morts. Pensez-vous qu'il existe un combattant qui force, le respect et l'obéissance en Sa Présence et à Sa Parole ? Heuhh ! Moi, je connais un s'écria la mort, la Diarrhée. Aucun homme, ou créature ne Lui résiste.

21-Si vous voyez la diarrhée, se lever contre vous, c'est que vous l'avez provoqué. Elle ne se lève jamais en guerre, qu'elle n'ait été excité.

22-Si vous subissez une diarrhée pistolet, c'est qu'elle avait à cœur de vous humiliez en public.

23-Autant rendre à la diarrhée, tous ce qui lui appartient. Car, si elle venait à découvrir que vous reteniez encore quelque chose d'elle. Je vous laisse imaginer la suite…

24-Lorsque la diarrhée vous humilie, vous êtes la risée de tous. Et ce souvenir est conservé dans les mémoires, des années bien après.

25-Les guerres de la diarrhée ne durent que quelques minutes. Contrairement à d'autres combattants.

26-La Diarrhée a bien l'art de la guerre !

27-La diarrhée impose toujours, les arrêtés du Royaumes des Cieux à ses ennemis.

28-La diarrhée a reçu ordre de délivrer les captifs et d'humilier les orgueilleux. De détruire leurs œuvres et réputations.

28-Même superman, ne peut rien contre moi la diarrhée. Sitôt, je le bouscule qu'il arrête de jouer, les supers héros. De peur, d'être ridiculiser et être ridicule aux yeux de tous.

29-Excéder par les assauts de la diarrhée, ses ennemis ont résolu, de la laissé sortir et tranquille. Sacré diarrhée, tu obtiens toujours ce que tu veux !

30-Pour un ministère de délivrance efficace, les responsables doivent avoir reçu l'enseignement de la diarrhée.

31-Un jour, j'ai eu à dire à un de mes ennemis : Je m'appelle la diarrhée. C'est là mon nom de guerre. Et lui de me dire : la diarrhée quelle nom stupide ! Pourtant, la diarrhée le fait et le fera toujours plier. Sacré diarrhée, tu es méconnu de tes adversaires et ennemis !

MINISTERE

- ✓ Eglise
- ✓ Réveil
- ✓ Onction
- ✓ Leadership
- ✓ Révélation
- ✓ Mission
- ✓ Dons
- ✓ Orgueil
- ✓ Humilité
- ✓ Intercession
- ✓ Réputation

Eglise

1-Les anglophones sont de loin en avance, dans le domaine de la louange et adoration que le reste de l'Eglise. Effort, le reste.

2-Si pour toi, l'œuvre est plus importante que l'âme des brebis que tu pais, c'est que tu n'as encore rien compris.

3-C'est à cause de l'âme qu'il y a l'œuvre. Ce n'est pas à cause de l'œuvre qu'il y a l'âme. Pour toi pasteur, la santé des âmes des brebis passe avant tout.

4-Il est un mal dans l'Eglise de Jésus, c'est que nous connaissons que Dieu est notre Père et qu'IL utilise des hommes à Son service. Mais, nous avons du mal à reconnaitre Sa voix, au travers de ces hommes. Un problème des plus récurrents.

Je vous enverrai des apôtres, prophètes, évangélistes, pasteurs, docteurs, hommes sages. Certains seront calomniés, d'autres persécutés, d'autres lapidés. Pourtant, la Voie de la Vérité, la sagesse divine est/aura été pleinement manifesté en eux.

Mais au fait comment on y arrive ?

Reconnaitre l'arbre à son fruit. Observer le caractère de cet arbre et apprécier le message à la lumière du Saint-Esprit.

Mais pour qui travaillez-vous au juste ? Ouvriers d'iniquités !

Retirez-vous de Moi, serviteurs d'iniquités ! Car Je ne vous connais pas. Et la géhenne est là, pour vous qui méprisé Mon Nom et Mes parvis.

5-Servir le Seigneur Jésus, c'est être patient.

6-Je sers le Seigneur Jésus parce que, j'existe par Sa grâce. Et IL s'est révélé à moi.

Et si quelqu'un Le sert, de manière désintéressé, assurément satan et sa cohorte de démons ne pourront rien contre lui.

Car l'amour du monde est inimitié devant Dieu. Est-ce pour de l'argent ? Est-ce pour une réputation ? Ou vaine gloire ? Est-ce pour… que tu Le sers ? A toi de répondre.

7-Un homme spirituel est un homme, conduit par le Saint-Esprit. Qui a une lecture, exacte du monde invisible à tout instant. C'est pourquoi, le Saint-Esprit ou Jésus peut s'appuyer, sur lui en tout temps.

Il n'en est pas ainsi, du charnel qui lui, a plus la lecture de ses problèmes. Généralement plus de son ventre.

8-Plusieurs déboires constatés dans l'Eglise, sont dus, au fait que plusieurs, ne connaissent pas leur ministère. C'est la vérité, n'essayer pas de me contredire. Cela fait partie, des causes principales.

Quand un évangéliste, s'autoproclame prophète. Assurément, le monde des fausses prophéties est ouvert. Quoi ? Il n'a pas l'équipement du prophète.

Moi Paul, apôtre du Seigneur Jésus-Christ, par la volonté de Dieu le Père et du Seigneur Jésus-Christ. Jamais, moi Paul, prophète, ou, moi Paul, pasteur, ou moi, Paul chantre. A vous de réfléchir, là-dessus ?

9-C'est le Saint-Esprit qui enflamme. Et lorsqu'IL nous enflamme, nous sommes réellement enflammés.

10-Les jeunes, les jeunes, les jeunes pour Jésus ! Consacrer la Jeunesse à Jésus seul, par l'aide du Saint-Esprit.

11-Le ministère est une organisation du Ciel, en vue d'être constamment au milieu des hommes. Et établir, le Royaume des Cieux sur la Terre.

12-Lorsque l'on plonge dans l'Eglise, on se rend vite compte des problèmes, et des manquements qui sont encore son partage. Et cela, nous pousse à vouloir agir illico presto. Mais là encore, il faut de la sagesse pour résoudre ces problèmes.

13-Le ministère d'un homme, n'est rien d'autre que sa vie. C'est-à-dire, sa communion avec Jésus et son niveau de maturité.

14-Mystère. Vous connaitrez, la Vérité (Jésus). Et Jésus vous rendra libre. Car, si le Fils vous affranchit vous serez réellement libre.

15-La Parole est Dieu. Et, Dieu est dans les Saintes Ecritures.

16-Donné de simples informations sur la vie de Jésus, ne nous rend pas apte à enseigner. Mais, sitôt on associe à notre démarche la compassion et la miséricorde, alors on peut être, apte maintenant enseigner.

17-Au fait, que signifie servir ? Servir ou rendre ministère, c'est aidé les autres de la part du Seigneur Jésus.

Les aider à quoi faire ? Les aider à s'attacher au Seigneur Jésus, tout en progressant à tous les niveaux.

Réveil

1-Le réveil est l'engouement que l'homme manifeste, pour rechercher le Seigneur Jésus. Pour que tout dans sa vie et autour de lui, soient rendus conforme à Sa volonté.

2-Rechercher le Seigneur Jésus signifie, passer du temps à méditer, à chercher à comprendre, comment plaire à Jésus, comment être sûr à tous les coups qu'IL m'exaucerait. Et mettre ces découvertes, en application.

3-Dans la vie d'un homme, après sa conversion, Jésus ne commence à agir que dans le domaine qu'IL juge prioritaire. Et donc, si pour vous c'est le travail, sachez qu'IL n'agira pas dans le sens de votre volonté, mais de la sienne.

4-Fais de l'Eternel tes délices, et IL te donnera ce que ton cœur désire. Ce que ton cœur désire ? Ce dont IL sait que cela, réjouira ton cœur, et ta pensée par la suite.

Onction

1-La multitude de programmes ou d'activités, ne peuvent pas remplir une assemblée. C'est l'onction du Saint-Esprit dans la vie de son collaborateur qui a ce pouvoir.

2-L'onction épargne des efforts inutiles, qui n'entrainent que lassitude et maux.

3-Un homme sans onction, croit que c'est par le son de sa voix semblable aux bruits des vagues que, se réaliseront les paroles qu'il aurait déclaré.

4-Sans onction, change de couloir. Tu bâtis en vain.

5-Mystère de la Parole de Dieu, le Seigneur a dit prenez sur vous Mon joug. Car, vous trouverez du repos pour vos âmes. Evidemment, Je suis doux et humble de cœur. Mais quel est ce joug ? Mais, ce joug n'est rien d'autre que Son Onction en nous et sur nous.

Mais attendez ! Ne croyez pas, qu'IL va vous demander de faire quelque chose de vos propres forces. IL a dit : Je suis doux et humble de cœur. IL ne cherche pas à ce que vous ayez la tension.

6-L'onction est une direction du Saint-Esprit, pour accomplir quelque chose de précis.

7-L'onction oriente sur les objectifs, à atteindre pendant la saison par laquelle nous passons.

8-Pour vous, vous n'avez pas besoin que l'on vous enseigne ces choses. Demeurez en Lui. Car Son Onction en vous est véritable. Et, elle ne ment pas. Elle vous enseignera toutes choses

Leadership

1-Le ministère est bien plus profond que le simple fait de parler de Jésus. C'est une communion, une relation, un partage de notre existence, de notre vie avec Jésus, pour Son bon plaisir.

2-C'est Jésus qui vit en nous, IL accomplit tout ce qu'IL veut, au travers des vases que nous sommes.

3-La longévité dans le ministère ne dépend pas du fait, que tu aies reçu l'appel au ministère. Mais d'un fait que tu aimes Jésus.

4-Si vous voyez un responsable, positionner des enfants en esprit pour diriger des départements, et laisser des adultes en esprits exemptés de toutes responsabilités, c'est que nous avons à faire, à un enfant spirituel à la tête de cette assemblée. Et pas étonnant, de constater sous peu, comment l'église locale sera, le champ de triomphe de Lucifer et de ses démons.

5-Les jeunes trouvent un but sur la Terre, au travers de la vision du leader qui les inspire. Encore, faudrait-il que la vision vienne de Jésus. Sans quoi, c'est l'ouverture à n'importe quoi, pour certains.

6-Beaucoup de ministères devraient fermer. Car, leurs leaders doivent se mettre, à l'école de l'Esprit de Jésus. La Parole ne s'est pas faîte chair en eux.

7-Le nom importe peu, dans le ministère. Mais votre niveau de maturité, lui si.

8-Un leader ou conducteur spirituel est un (e) frère/sœur ayant la compréhension et la connaissance du Royaume des Cieux. Qui sait comment, on y opère pour, obtenir des résultats favorables. Et, est capable de l'enseigné à d'autres. Enseigner les à observer ce que Je vous ai prescrit.

9-La vision est visible au-travers du leader. Traduisons ce mot, leader signifie conducteur spirituel.

10-Si le peuple ne regarde plus à son leader, mais balade les regards à gauche et à droite, c'est qu'à son sens le leader ne sait que faire, pour le sortir des situations par lesquelles, il croupit.

11-Si ce que vous êtes, et ce que vous possédez n'intéressent personne, alors personne ne vous suivra. Auquel cas, ils vous suivront.

12-Le leadership fait des hommes/femmes/enfants qui nous suivent, des personnes à notre image. Pourvu que le leader lui, soit à l'image de son Seigneur Jésus !

13-Le leadership n'a rien avoir, avec les techniques que l'on apprend à l'école. Soit vous l'êtes, soit vous ne l'êtes pas.

14-La particularité du leader est d'être lui-même un, avec toutes paroles sortant de ses lèvres. S'appliquer à les mettre en pratique ; à les honorer.

15-Ce qui intéresse le leader, c'est ce qu'il sait faire. Et, dans ce qu'il sait faire, il inspire d'autre à faire autant.

16-Ah ! Voilà des enfants à la tête, d'un ministère. Et, le temps pour eux d'atteindre la maturité spirituel, peut être long, voire très long. Disons, un minimum de quinze ans. Que peut-on espérer de leur leadership ? Pas grand-chose, car on enfante spirituellement que, sa propre nature.

17-Le leadership ça sonne bien ! C'est un mot anglo-saxon. Peut-être, parce que, c'est un mot anglo-saxon qu'il semble rendre fou, certains dans les pays francophones.

18-Le leadership ne s'apprend pas. Mais, il se découvre. Car, il repose sur des capacités enfouies en nous par Dieu et qui se manifestent sitôt, on se trouve faisant cette chose précise pour laquelle, nous avons été prédestinée.

19-Le leadership n'est pas pesant ; du fait que le Seigneur nous fait trouver la joie en y exerçant. Et, il n'est pas ennuyeux, car l'onction du Saint-Esprit arrange tout le décor.

20-Un leader est une personne qui montre, aux autres comment réussir dans ce domaine. Car, lui-même a réussi. Et peut, donc leur montrer la voie à suivre.

21-Le leader encadre les plus jeune, pour leurs permettre d'éviter les pièges auxquels, il aura été confronté. Mais aussi, les préparer à savoir se défendre et opérer spirituellement, pour accomplir leur destiné en Jésus.

22-Le leadership n'est pas une compétition. D'ailleurs qui est Paul ou qui est Apollos, des serviteurs par lesquels vous avez cru.

23-Un leader sait manager tout type de caractère. C'est justement le pourquoi, il est placé à cette position, par le Seigneur Jésus.

24-Le premier conseiller d'un leader est le Saint-Esprit. Le deuxième conseiller est le Saint-Esprit, au-travers d'un autre vase.

25-Le leadership n'est rien d'autre que, la manière la plus naturelle par laquelle un frère/sœur inspire un groupe, une nation à œuvrer d'un même pas, pour accomplir une vision bien déterminée.

26-Le leadership, vise deux choses : l'accomplissement de la volonté du Seigneur Jésus ; donc, de la mission divine. Et, la réussite à tous les niveaux des membres participants à cette vision. La cerise étant que chacun, ira se reposer de toutes ces œuvres auprès du Seigneur Jésus, dans notre Royaume ; le Royaume des Cieux.

27-Le leadership, n'est pas une technique ou un ensemble de techniques. Mais un caractère.

28-La grâce, se manifeste à tout âge. Mais la maturité ou l'affermissement se fait avec le temps.

29-La Parole de Dieu nourrit l'esprit, les relations humaines permettent l'épanouissement de l'âme. Et le pain permet l'entretien du corps physique

30-Qu'est-ce que c'est cela ? Une main, un pied, des seins d'une femme, le la bouche d'une femme, les fesses d'une femme, le sexe d'une femme.

31-La connaissance, fait rayonner le visage de joie.

Révélation

1-Seul l'esprit d'Intelligence du Seigneur, pour décoder les Saintes Ecritures.

2-Lorsqu'une chose est cachée, c'est que les ennemis peuvent encore, s'y opposer et retarder son exécution. Lorsqu'elle est dévoilée, c'est qu'il n'y a plus possibilité pour eux de s'y opposer. Demeure, dans le secret, jusqu'au temps fixé par Jésus.

3-Les choses cachées sont à Dieu, et les révélés aux hommes.

4-Dans un exercice de Maths, on utilise souvent des x, z pour sa résolution. Mais, le fait de les rencontrer sur une copie, ne signifie nullement que tout soit nécessairement correct.

Il y a une ou quelques démarches qui respectent, la logique mathématique. Et, si sur une copie, on la rencontre avec cette utilisation des x, z on mettra vrai dessus.

5-Certes un verset biblique cache en lui, une très grande profondeur. Mais, utiliser cette argument pour introduire, des doctrines qui sorte tout droit de l'Enfer, je dis que c'est du banditisme.

6-S'il y a une logique selon les hommes, c'est qu'il y a une logique selon Dieu. Apollos enseignait les Saintes Ecritures, avec exactitude.

7-L'inspiration du Saint-Esprit, est le message qu'IL veut ou voulait communiquer à la personne au moment où elle se tient devant vous.

8-Une révélation, peut être dite ou donnée ultérieurement.

9-O je suis trop content ! Savez-vous pourquoi ? Le Saint-Esprit m'a révélé l'un des buts pour lesquels Jésus me garde sur la Terre. Ma place dans l'Eglise.

10-La révélation n'est pas, une descente en Enfer. Mais, elle doit être une continuité qui, nous rapproche de Jésus, de son excellence ; en nous faisant gravir les classes spirituelles.

11-Un message inspiré par le Saint-Esprit, a un impact si considérable dans l'âme qu'il voudrait mieux alors, parler sous inspiration du Saint-Esprit. Que de parler sur connaissance livresque

12-Le plus souvent, le miracle dans certains cas n'est miracle que pour celui qui vous a méprisé ; qui vous avait enterré. Mais pour celui qui est en communion avec Jésus, et qui en bénéficie, cela lui avait déjà été annoncé bien avant.

Evidemment Le Seigneur est Celui qui annonce les évènements, les prépare et les réalise.

13-Il n'est pas possible, que l'invisible soit connu entièrement du visible. Ni l'infini du fini. Encore moins, le Créateur de la créature. Mais seul, le Saint-Esprit nous fait grâce de Le connaître.

Mission

1-La première Personne, à croire en moi, c'est Jésus. La deuxième personne, à croire en moi, c'est moi-même. Et Dieu et moi, c'est la majorité absolue.

2-Les grandes réalisations attendent, celui qui a trouvé son appel et qui, le poursuit.

3-Si le poussin sort de sa coquille, c'est que sa destiné a commencé à se réaliser.

4-C'est le temps du Seigneur Jésus qui est le meilleur. On ne se presse, pas dans la vie ou dans le ministère.

5-Ne pas aimer votre vie, c'est choisir de toujours plaire à Dieu en toutes circonstances. De toujours faire, l'effort qu'il faut pour toujours Lui être agréable.

6-Les missions du Ciel, sont plus importantes, que de simples caprices. Et, demande un engagement total. Ce qui signifie, que l'on ne fait pas le bras de fer avec le Seigneur.

7-Le but de votre appel, vous sécurise. Il vous garde loin des excès de zèle qui ne profite à personne.

8-Trouver le but de votre appel, c'est trouvé un sens à votre place dans le corps de Jésus-Christ. C'est justement, en trouvant ce but que vous êtes en bénédiction aux autres. Sans quoi…

9-J'ai aussi pour mission de perpétuer l'œuvre débutée par mon père spirituel : l'heure où les vrais adorateurs adoreront, le Père en esprit et en vérité.

10-Au-delà de tout ce que, nous pouvons avoir, ou faire sur cette Terre, le but ultime de l'Eglise est de préparé, la seconde venue de notre Seigneur Jésus-Christ. Que tous ou le maximum soyons sauvés et enlevés.

11-Si le Seigneur Jésus parle, l'erreur serait de penser qu'IL voulait atteindre un but charnel.

12-Beaucoup sont appelés pour servir. Mais beaucoup, ne font que ce qu'ils veulent.

13-Très peu dans le fond, sont serviteur de Jésus. Car beaucoup, ne font que ce qui arrange leur âme ou chair.

14-Beaucoup d'appeler, peu d'élu.

Dons

1-Trop de gens s'interrogent : comment allons-nous faire pour être dans l'abondance ? La réponse est qu'avez-vous reçu du Ciel ?

Car un homme ne peut recevoir que ce qui lui a été donné du Ciel. Et donc, la richesse viendra à vous que lorsque, vous utiliserez ce que vous avez reçu du Ciel en poursuivant le plan et but de Dieu dans votre vie.

2-Au début de ma conversion, je veux dire quand j'étais enfant spirituel, le Saint-Esprit me conduisit à aspirer aux dons spirituels selon la liste de I Cor 12. Je choisissais presque tous, excepter, celui du discernement des esprits et celui des langues et interprétation. Alors, le Saint-Esprit de me dire, tu n'as même pas choisi le don du discernement des esprits ? Au départ, je ne compris pas le pourquoi ?

3-Mon premier livre, je l'ai écrit en deux ou trois jours. Pour les autres lorsque, les conditions sont réunis en moins d'un mois. Et pour certains albums en deux ou trois jours également. Savez-vous pourquoi ?

Parce que, ce sont des dons de la grâce, et cela coule naturellement comme de l'eau sur une chute.

4-Un don s'extériorise très rapidement et facilement. Contrairement, à un talent qui vous demande à cravacher longtemps, pour en avoir la maîtrise.

5-La diversité des dons manifestés au sein de l'Eglise, par des frères tue l'orgueil et le sentiment de se croire le plus important de tous.

6-Le Saint-Esprit nous a rempli de tous Ses dons, non pas pour les utiliser dans le désordre. Car, il y a un ordre divin.

7-Je n'ai fait aucune école théologique. Comme quoi, on reconnait toujours ce qui marche avec Jésus le Seigneur de gloire.

Orgueil

1-La fin de l'orgueilleux est sa vue ; la fin de son progrès.

2-L'orgueil est la preuve d'une incapacité, un voile, un gros mensonge que l'on admet comme ligne de conduite, pour paraître supérieur aux autres. Mais dans le fond, notre conscience nous rappelle que nous ne le sommes pas. C'est pourquoi le Seigneur Jésus abaisse les orgueilleux, pour les remettre à leur place.

3-Entre grands, on se connait et, se reconnait. Il n'y a que les enfants qui ne reconnaissent jamais les grands.

4-Les relations d'aujourd'hui, sont les opportunités de demain. Mais, pour toi orgueilleux, tu les as toutes fermées.

5-Ne pensez pas que pour être grand, il vous suffirait d'avoir un âge avancé. Non, ce serait une grave erreur.

6-Qu'est-ce qui peut bien te scandaliser ? Est-ce mon visage enfantin ? Mon jeune âge ? Ou du fait que tu te sois borné, à penser que mon visage enfantin et mon jeune âge sont symboles d'ignorance et d'incapacité ?

7-Ne méprise pas, ton prochain. L'apparence ou l'aspect du visage ne détermine pas sa valeur.

8-Jésus n'avait rien, pour attirer les regards. IL avait un visage enfantin, excepté le fait qu'IL avait la barbe. Car, IL avait débuté Son ministère public à trente ans.

Les pharisiens s'y sont opposés, de ce qu'un enfant à leurs yeux, les enseigne. Mais son jeune âge, et son visage enfantin n'étaient pas symboles, d'une quelconque immaturité chez Lui.

9-Pour un serviteur orgueilleux, la repentance est très difficile. Elle apparait pour lui, comme avoir à perdre toute sa valeur.

C'est que ce serviteur, est tenu captif par Satan. Et selon sa nature, le serpent ne peut jamais glisser en reculant. Mais, toujours avancer dans le mal.

10-Humiliez-vous, sous la Main puissante du Très-Haut, afin qu'au temps convenable, IL puisse vous élever.

11-L'orgueil est un véritable ennemi, à tout progrès. Il peut vous garder prisonnier dix ans, sur une même situation, pour une banalité. Une chose si simple, qui ne demande à peine que cinq secondes de votre temps : reconnaitre que l'autre à raison et qu'il porte la solution au problème.

12-Certains serviteurs du Seigneur, sont trop orgueilleux pour accepter la volonté de Jésus. Et, pour leurs parler, le Seigneur utilise des paraboles, dans l'espoir qu'ils en comprendront le sens et se convertiraient.

Un jour, j'étais en face d'un serviteur du Seigneur. Et, le Saint-Esprit de lui dire, cet enfant a un esprit de Sagesse, Intelligence et connaissance. Lui n'ayant pas compris le sens de cette révélation, c'est seulement réjoui de l'avoir reçu.

Or, cela lui avait été dit, pour qu'il sache qu'en matière de conseils, compréhension des temps et d'enseignement il pouvait se rapprocher de moi. Et lui ne m'a, sinon à de rares reprises pas solliciter. Et l'Eglise a eu de très gros problèmes. Et jusqu'à présent, ils y sont encore dans ces problèmes.

13-Je l'ai reçu par grâce, non pas par mérite. Seulement par Sa volonté.

14-Le niveau de révélation du Seigneur Jésus, est dépendant de la relation que nous avons avec le Saint-Esprit.

15-Parler d'une personne est une chose. Connaitre cette personne en est une autre.

Quand Jean Baptiste déclare qu'IL n'est pas digne de porter les souliers du Seigneur Jésus, nous comprenons par-là, que nous ne sommes pas à la même dimension de révélation. Par conséquent, nous ne pouvons pas avoir les mêmes résultats dans le ministère que lui.

16-Une chose que nous avons souvent tendance à oublier, est que le Seigneur Jésus est vivant. Et, qu'IL parle toujours.

17-Un verset biblique, peut cacher plusieurs révélations, selon le niveau d'intimité que le serviteur a avec le Saint-Esprit accorde.

18-Le Père céleste est vraiment, mal connu de Ses propres enfants. C'est à croire qu'IL est tout sauf organisé. Et qu'IL laisse Son peuple, se débrouiller dans leur désordre. Pauvre de notre Père céleste qui a à supporter, nos caractères, et notre ignorance du monde spirituel !

19-Le méchant a en horreur qu'on lui montre sa faute. Et il se réfugie toujours derrière sa brutalité, son autorité, pour imposer, dominer et écraser son prochain.

20-Si tu ne connais pas, permet à celui qui sait alors de t'enseigner. Car, en réalité, si l'on enseigne, nous sommes avant tout et avons été au préalable été enseigné par le Saint-Esprit. Et nous ne parlons que de ce que nous avons vu et entendu. Mais, vous n'êtes pas prêt, à recevoir notre témoignage.

21-Pourquoi n'apprends-tu pas à collaborer avec le Saint-Esprit, pour amener à bien l'œuvre de Jésus ?

22-Un grand en esprit, ne peut pas se tromper dans l'établissement des responsables dans l'église. Car, il sait reconnaitre ceux qui sont grand, de ceux qui sont petits. Evidemment, là encore, c'est un enseignement propre que donne le Saint-Esprit.

23-Je vous donne 1000 X. Et vous voilà qui vous ventiez auprès de Moi d'avoir 1000 X. N'est-ce pas une stupidité de votre part ? Il en est de même, pour tout homme qui met en avant la puissance du Saint-Esprit, et Ses dons. Plutôt que la communion du Saint-Esprit.

Humilité

1-Petit troupeau, ne te presse pas à servir déjà le Seigneur Jésus. Soumet toi à la discipline de tes responsables, cela t'évitera de grand dérapage plus-tard.

2-Sers le Seigneur Jésus, sous la conduite du Saint-Esprit. Et le regard de tes responsables ; pour te recadrer lorsque nécessaire.

3-La Bible nous dit que Jean était, le disciple que le Seigneur aimait et qui dormait sur Sa poitrine. Mais, le Seigneur Jésus a établi Pierre comme premier responsable de l'Eglise après son départ.

4-L'établissement des responsables, dépend uniquement de la volonté souveraine de Jésus ou du Père. Et, non, d'une affinité à une quelconque personne.

5-Au moment où, j'écris ce livre (Année de l'écriture), j'ai un visage enfantin. Et quand, je me place devant une glace, je me dis waouh ! Que tu es jeune ! Tu n'as à peine que sept ans, dans la foi au Seigneur Jésus.

Autrement dit, la valeur d'un frère ou d'une sœur ne dépend pas de sa durée dans la foi. Mais, de la valeur de sa communion avec le Saint-Esprit.

6-Ne méprise pas quelqu'un du fait de son apparence, ou de son jeune âge. Peut-être que, dans le fond, il est plus grand que toi, en esprit.

7-Je ne suis pas plus grand que mes prédécesseurs dans la foi en Jésus. Mais, je suis le produit de leur semence arrivée à maturité par l'aide du Saint-Esprit.

8-Quelqu'un (ennemi) m'a dit un jour le jeune à la force et l'ancien connait le chemin.

9-La coutume peut souvent, amener à croire que les cheveux blancs suffisent à tous connaitre.

10-Un ancien est une personne qui se tient toujours dans la présence de Dieu. Et à qui, IL ne cache rien de Ses voies. Dans ce sens, on ne peut pas se passer de son conseil, ou point de vue.

11-Les satanistes sont fiers, sinon orgueilleux de ce qu'ils obtiennent par le biais de Satan. Mais pour nous, enfants, fils du Très-Haut, serviteur du Seigneur Jésus, nous sommes fiers d'avoir Jésus pour héritage.

12-Etre assis à l'auditoire, n'est pas toujours synonyme d'ignorance de l'auditeur.

Regarde, comprend et tire exemple. Le Seigneur de l'âge de douze ans à trente ans, avant le début de Son ministère public se rendait comme il est de coutume chez le peuple Juif dans les synagogues. Et écoutait les différents scribes, pourtant ils ne Lui étaient pas supérieurs.

13-Sois respectueux auprès de tous ceux qui prennent part aux cultes. Tu ne leur est pas nécessairement supérieur spirituellement, du fait que tu présides.

14-L'humilité est le fait, de ne pas se laisser guider par le désir de faire bonne impression à l'autre par nos actions. Mais d'agir, simplement par nécessité.

15-Voir un enfant de 15 ans accéder à des très hautes responsabilités, devant des hommes qui font ses pères dans la chair, c'est qu'il y a de l'humilité dans l'air.

16-A quoi sert-il à un professeur d'étouffer son élève ? Simplement à prouver qu'il est un anti-progrès, et qu'il aime les ténèbres.

Car n'oublions pas une génération, appelle la suivante à la dépasser, voire surpasser.

Maintenant, Je M'en vais au Père. Celui qui croira en Moi fera, de plus grandes choses que celle que J'ai faîte.

17-Etre humble c'est, être plein de connaissance. Mais, de ne pas trouver en cela le moyen d'écraser les autres. Mais plutôt, celui d'être effacé et de n'apparaitre que lorsque la situation sollicite notre intervention.

Intercession

1-Si vous invoquez le Seigneur, afin qu'IL vous réponde sur comment vous devez, vous y prendre pour réussir avec Lui. Et s'IL a déjà enseigné à un frère/sœur autour de vous, IL vous enverra chez ce frère/sœur.

2-Voici puisque, c'est le temps de révélé Ta gloire Seigneur Jésus et que pour cela, Tu veux que je Te livre, tous mes ennemis sans exception, qu'il en soit ainsi. Et je peux Te promettre et Te rassurer, que je n'interviendrai plus dessus.

3-L'intercession suppose, présenter un sujet qui nous est donné comme fardeau par le Saint-Esprit, au Père. Pour attendre de Lui, une réponse que, nous mettrons en pratique.

Mais, si après avoir intercédé et que, le Seigneur nous ait répondu, sans pour autant, avoir réagi dans le sens de Sa volonté. A quoi, nous sert-il encore, de prier sur ce sujet.

Une telle intercession apparaitrait comme du bruit, aux oreilles du Seigneur de l'univers. Car, nous nous serions bornés à ne pas suivre Son orientation. Et, là, il y aura forcément des conséquences négatives aussi longtemps que nous persisterions dans cette voie.

Réputation

1-Dans le monde des affaires la recherche du profit semble-t-il être la fin en soi. Mais l'on gagne à avoir une très bonne réputation. Car, de cette bonne réputation accourt des opportunités.

2-Pour un serviteur de Dieu, l'un des points les plus importants est le caractère. Car, par son caractère, il peut être, un sujet de relèvement de la foi de plusieurs. Ou dans le pire des cas, un sujet d'achoppement ou de chute de la foi de plusieurs, même des incroyants.

3-Jésus-Christ est à la porte, Sa venue est proche.

4-La renommée d'un homme peut lui ouvrir les portes fermées, tout comme les lui fermée.

5-Le Nom de Jésus ouvre les portes, dans toute la Création. Mais peut aussi, fermer les portes à qui que ce soit.

6-La réputation d'un homme le précède partout, où il passe. Elle peut lui amener de grandes amitiés, et l'inclination des cœurs des hommes à son égard, tout cela par la grâce de Jésus.

7-Le nom de l'homme ne garantit rien. Mais, c'est la doctrine enseigné qui rassure, et nous donne l'assurance de suivre tel homme et pas tel autre (serviteur).

Le Riche, Le Pauvre et Le Méchant

- ✓ Riche
- ✓ Pauvre
- ✓ Méchant
- ✓ Le Voleur
- ✓ Aurevoir

Le Riche

1-Pour jouir de l'abondance financière, il faut savoir et accepter que le nécessaire est pour vous. Et, l'abondance est pour le prochain.

2-Non ! C'est la bénédiction du Seigneur Jésus qui enrichit et IL ne l'a fait suivre d'aucun chagrin ; d'aucun tourment de l'âme.

3-Quand le Riche a partagé le ½ de ses richesses mensuelle avec les pauvres, il se dit, je vais aussi profiter de ce qui me reste. Car après tout, j'y ai aussi droit.

4-Regarder le Riche, il vit une vie extravagante. Extravagante ? Non ! Mais, il profite aussi de la grâce qu'il a d'être riche. Car, qui lui aurait fait connaitre le bonheur de posséder des richesses, s'il avait été pauvre ?

5-Pourquoi critiquez-vous le Riche, comme s'il était débiteur de l'un de vous ? Ne gagne-t-il pas honnêtement sa vie par, la grâce de Jésus ?

6-La gêne du Riche est d'arrivé à un endroit, et de constater que son argent a plus d'amis que lui.

7-La richesse du Riche attire, autour de lui la convoitise du voleur.

8-De même que le Riche échafaude, des plans pour réussir dans sa vie. De même le voleur échafaude, des plans contre le Riche.

9-Pour le Riche, la richesse ne provient que de Jésus son Seigneur. Pour le voleur, la richesse provient de Satan son seigneur.

10-La richesse du Riche provient de ses idées. C'est elles, qui sont transformées de manière pratique, en biens durables.

11-Le Riche est vraiment riche, par la grâce de Jésus.

12-La générosité du Riche a une limite. Evidemment ! Elle ne vise pas à le ramener au statut de pauvre.

13-Sur la table du riche, il y a énormément de demande d'aide.

14-L'homme met la ceinture. Et la femme met la robe. Mais, moi j'ai un vêtement spécial, un manteau divin qui me permet, de ne pas être dans le manque.

15-La multiplication des richesses, n'est possible chez un fils du Royaume des Cieux, que par la volonté du Ciel d'atteindre un but bien précis. Peut-être que du temps de Salomon, cela lui avait été donné pour permettre au Peuple et aux nations d'en mépriser l'intérêt. Et de n'avoir les yeux et regards fixés sur que sur l'Eternel et Son œuvre.

Le Pauvre

1-La valeur d'un verre d'eau ne se voit qu'en temps de sécheresse et de disette. Ainsi en est-il de la participation, du pauvre.

2-Le pauvre est odieux, à son entourage. Et même lorsqu'il finit par devenir riche, il reste néanmoins détestable à son entourage qui, ne supporte pas son ascension.

3-Devant le riche, le pauvre prend l'attitude d'un idiot, ou d'un vaurien. Pourtant, avec des valeurs morales, il ne lui est pas nécessairement inférieur.

4-Pour le pauvre, le Riche n'a aucun problème apparent. Sa richesse lui couvre du danger. Faux ! C'est Jésus qui est la sécurité et l'assurance de l'homme.

5-Dans son cœur, le pauvre en veut, au Riche d'être riche. Et, le rend responsable de son extrême pauvreté.

6-Le pauvre s'interroge : comment le Riche peut-il mettre la ceinture ? C'est normal, lui dit le Riche. Il me faut réaliser des œuvres qui me demandent, d'être sage dans mes dépenses et dons.

7-Le pauvre s'indigne contre le riche. Car dit-il, il en assez et refuse d'en partager. Oubliant que les doléances, sur la table du Riche sont nombreuses. Et que certainement, le pourquoi le Riche n'a pas pu satisfaire sa demande.

8-Tel homme dis, je veux être riche, tel autre, je désire être important, tel autre influent. Mais, personne ne serait-ce un laps temps, songerait à devenir pauvre. Pourtant, passer par cet état de pauvreté, nous amène à tirer de grandes leçons de la vie. Et à être finalement, riche, important et influent.

Le Méchant.

1-Par la ruse l'homme tend des pièges, à l'innocent. Par les présents, il corrompt les juges. Mais, l'on ne soudoie pas le Créateur de l'Univers.

2-Les cris de réjouissance du méchant, annoncent sa mort. Et l'objet de sa réjouissance la fosse creusée sous ses pieds.

3-L'homme méchant cache, sa méchanceté derrière son argent. Il l'utilise pour obtenir, ce que son caractère ou personnalité ne peut lui donner.

4-Un méchant qui négocie avec un juste, sur une affaire ?! C'est que ce méchant est déjà mort. Car, voyez-vous par sa nature, le méchant s'impose et viole même les volontés d'autrui.

Le Voleur

1-Le voleur fait des avances à une jeune demoiselle, lui promettant monts et merveilles. Mais cette dernière, ne sait point que son accord, est la partage pur et simple de sa condition de prisonnier, qu'elle ira partager avec lui sitôt, il sera arrêté.

2-Le Voleur se lance dans une carrière, car dit-il : mon maître n'a rien pour satisfaire à ma convoitise. Autant, alors voler à quelqu'un ce que je n'ai pas. Et d'ailleurs c 'est la voie par excellence que mon maître m'a appris. Le travail honnête n'est pas pour moi.

Aurevoir

La fleur fane, mais retrouvera toute sa beauté auprès du Seigneur Jésus. Aurevoir, serviteur du Dieu vivant, de Jésus-Christ ! On se retrouvera dans notre Royaume, le Royaume des Cieux, auprès de notre Maître.

Conclusion

La condition humaine est pleine de faiblesse. L'homme est vraiment malheureux sans le Seigneur Jésus ! Le mieux serait pour lui, de demander à Dieu de l'aide. Car, je suis convaincu, dans ce cas de figure que, Celui qui a commencé en nous, cette bonne œuvre la rendra parfaite pour le jour de Sa venue.

Evidemment, le danger pour le peuple de Dieu est de croire que, l'enseignement qui lui est donné est abstrait. Et donc, pas applicable.

REMERCIEMENT

Finalement, je suis sage. Je voudrais Te rendre grâce pour cela Jésus. Merci, Jésus pour ces différentes épreuves. Merci, pour ces rabais des hommes qui ont favorisées, la manifestation de Ta sagesse. Et merci, d'être mon Seigneur, mon Dieu.

Remerciement, à tous mes frères et sœurs qui me soutiennent dans l'écriture de ces livres. C'est beaucoup de combats spirituels, pour écrire un livre spirituel. Puisse notre Seigneur Jésus, se souvenir de votre engagement dans l'accomplissement de Sa volonté. Et, vous comblez de ces dons les meilleurs. En prenant sois, de vous et de votre famille. Et en vous gardant fermement, ancrés dans la foi en Son si beau Nom, pour le jour de Sa venue. Soyez richement bénis dans le doux et précieux Nom de Jésus !

Et à Toi, Ancien des Jours, mon cœur pour toujours !

Daniel.

Sommaire

POUVOIR

Sous thèmes développés

COMMUNION

Sous thèmes développés.

Sagesse et Folie

LE CŒUR

MARIAGE

GUERRE SPIRITUELLE

MINISTERE

Le Riche, Le Pauvre et Le Méchant

Printed by Books on Demand GmbH, Norderstedt / Germany